Guttentagsche Sammlung Deutscher Reichsgesetze.
Textausgaben ohne Anmerkungen mit Sachregister.

Reichswahlgesetz
und
Wahlordnung
zur verfassunggebenden
deutschen Nationalversammlung.

Verordnungen vom 30. November 1918.

Textausgabe mit Sachregister
und graphischer Darstellung der Wahlkreiseinteilung.

Berlin 1918.
J. Guttentag, Verlagsbuchhandlung,
G. m. b. H.

Inhaltsverzeichnis.

I.

Verordnung über die Wahlen zur verfassunggebenden deutschen Nationalversammlung (Reichswahlgesetz).

Vom 30. November 1918 (RGBl. S. 1345).

Für die Wahlen zur verfassunggebenden deutschen Nationalversammlung wird folgendes angeordnet:

§ 1.

Die Mitglieder der verfassunggebenden deutschen Nationalversammlung werden in allgemeinen, unmittelbaren und geheimen Wahlen nach den Grundsätzen der Verhältniswahl gewählt.

Jeder Wähler hat eine Stimme.

§ 2.

Wahlberechtigt sind alle deutschen Männer und Frauen, die am Wahltag das 20. Lebensjahr vollendet haben.

§ 3.

Die Personen des Soldatenstandes sind berechtigt, an der Wahl teilzunehmen. Die Teilnahme an politischen Vereinen und Versammlungen ist ihnen gestattet.

§ 4.

Ausgeschlossen vom Wahlrecht ist:

1. wer entmündigt ist oder unter vorläufiger Vormundschaft steht,
2. wer infolge eines rechtskräftigen Urteils der bürgerlichen Ehrenrechte ermangelt.

§ 5.

Wählbar sind alle Wahlberechtigten, die am Wahltag seit mindestens einem Jahre Deutsche sind.

§ 6.

Die Wahlkreiseinteilung und die Zahl der Abgeordneten, die in den einzelnen Wahlkreisen zu wählen sind, ergeben sich aus der Anlage[1]).

Sie beruht auf dem Grundsatz, daß auf durchschnittlich 150000 Einwohner nach der Volkszählung vom 1. Dezember 1910 ein Abgeordneter entfällt und dort, wo Landes- oder Verwaltungsbezirksgrenzen bei der Wahlkreiseinteilung berücksichtigt werden müssen, ein Überschuß von mindestens 75000 Einwohnern vollen 150000 gleichgerechnet wird.

§ 7.

Jeder Wahlkreis wird in Stimmbezirke geteilt, die möglichst mit den Gemeinden zusammenfallen. Große Gemeinden können in mehrere Stimmbezirke zerlegt, kleine mit benachbarten zu einem Stimmbezirke vereinigt werden.

§ 8.

Für jeden Wahlkreis wird ein Wahlkommissar, für jeden Stimmbezirk ein Wahlvorsteher und ein Stellvertreter für ihn von der nach der Wahlordnung (§ 22) zuständigen Behörde ernannt.

Der Wahlvorsteher ernennt aus den Wahlberechtigten des Stimmbezirkes drei bis sechs Beisitzer und einen Schriftführer.

---

[1]) Anlage nebst graphischer Darstellung der Wahlkreiseinteilung S. 13—17.

Wahlvorsteher, Beisitzer und Schriftführer bilden den Wahlvorstand.

§ 9.

Für jeden Stimmbezirk wird eine Wählerliste angelegt, in welche die dort wohnhaften Wahlberechtigten eingetragen werden.

Die Wählerlisten sind spätestens vier Wochen vor dem Wahltag auf die Dauer von acht Tagen zu jedermanns Einsicht auszulegen. Ort und Zeit werden vorher unter Hinweis auf die Einspruchsfrist öffentlich bekanntgegeben.

Einsprüche gegen die Wählerlisten sind bis zum Ablauf der Auslegungsfrist bei der Gemeindeverwaltungsbehörde anzubringen und innerhalb der nächsten vierzehn Tage zu erledigen. Hierauf werden die Listen geschlossen.

Über die nachträgliche Aufnahme von Angehörigen des Heeres und der Marine, die im Januar oder Februar 1919 aus dem Felde heimkehren, ergeht eine besondere Verordnung.

Für den Fall, daß sich am Wahltag noch größere geschlossene Truppenverbände außerhalb des Reichs befinden, bleibt der Erlaß einer besonderen Verordnung vorbehalten, wonach die Angehörigen dieser Truppenverbände nach ihrer Rückkehr, gegebenenfalls zugleich mit den Kriegsgefangenen, die erst nach dem Wahltag zurückkehren, in einer besonderen Nachwahl Abgeordnete zur verfassunggebenden deutschen Nationalversammlung wählen.

§ 10.

Das Wahlrecht kann nur in dem Stimmbezirk ausgeübt werden, wo der Wahlberechtigte in die Wählerliste eingetragen ist.

Jeder darf nur an einem Orte wählen.

§ 11.

Beim Wahlkommissar sind spätestens am 21. Tage vor dem Wahltag Wahlvorschläge einzureichen.

Die Wahlvorschläge müssen von mindestens 100 im Wahlkreis zur Ausübung der Wahl berechtigten Personen unterzeichnet sein. Sie dürfen nicht mehr Namen enthalten, als Abgeordnete im Wahlkreis zu wählen sind.

Von jedem vorgeschlagenen Bewerber ist eine Erklärung über seine Zustimmung zur Aufnahme in den Wahlvorschlag anzuschließen.

In demselben Wahlkreis darf ein Bewerber nur einmal vorgeschlagen werden.

§ 12.

Mehrere Wahlvorschläge können miteinander verbunden werden.

Die Verbindung muß von den Unterzeichnern der betreffenden Wahlvorschläge oder ihren Bevollmächtigten übereinstimmend spätestens am 7. Tage vor dem Wahltag beim Wahlkommissar schriftlich erklärt werden.

Verbundene Wahlvorschläge können nur gemeinschaftlich zurückgenommen werden.

Die verbundenen Wahlvorschläge gelten den anderen Wahlvorschlägen gegenüber als ein Wahlvorschlag.

§ 13.

Für die Prüfung der Wahlvorschläge und ihrer Verbindung wird für jeden Wahlkreis ein Wahlausschuß gebildet, der aus dem Wahlkommissar als Vorsitzenden und vier Beisitzern besteht.

Der Wahlausschuß faßt seine Beschlüsse mit Stimmenmehrheit.

Nach der öffentlichen Bekanntgabe der zugelassenen Wahlvorschläge können diese nicht mehr zurückgenommen und ihre Verbindung kann nicht mehr aufgehoben werden.

§ 14.

Die Stimmzettel sind außerhalb des Wahlraums mit den Namen der Bewerber, denen der Wähler seine Stimme geben will, handschriftlich oder im Wege der Vervielfältigung zu versehen.

Die Namen auf den einzelnen Stimmzetteln dürfen nur einem einzigen der öffentlich bekanntgegebenen Wahlvorschläge entnommen sein.

§ 15.

Die Wahlhandlung und die Ermittlung des Wahlergebnisses sind öffentlich.

§ 16.

Gewählt wird mit verdeckten Stimmzetteln. Abwesende können sich weder vertreten lassen, noch sonst an der Wahl teilnehmen.

§ 17.

Über die Gültigkeit der Stimmzettel entscheidet vorbehaltlich der Nachprüfung im Wahlprüfungsverfahren der Wahlvorstand mit Stimmenmehrheit. Bei Stimmengleichheit gibt der Wahlvorsteher den Ausschlag.

Die ungültigen Stimmzettel sind dem Wahlprotokoll beizufügen. Die gültigen verwahrt der Wahlvorsteher so lange versiegelt, bis die Wahl für gültig erklärt worden ist.

§ 18.

Behufs Ermittlung des Wahlergebnisses ist vom Wahlausschusse (§ 13 Abs. 1) festzustellen, wieviel gültige Stimmen abgegeben und wie viele hiervon auf jeden Wahlvorschlag und auf die verbundenen Wahlvorschläge gemeinschaftlich entfallen sind.

§ 19.

Die Abgeordnetensitze werden auf die Wahlvorschläge nach dem Verhältnis der ihnen nach § 18 zustehenden Stimmen verteilt. Die Berechnungsweise wird in der Wahlordnung (§ 22) geregelt.

§ 20.

Für die Verteilung der einem Wahlvorschlage zugeteilten Abgeordnetensitze unter die einzelnen Bewerber ist die Reihenfolge der Benennungen auf den Wahlvorschlägen maßgebend.

§ 21.

Wenn ein Abgeordneter die Wahl ablehnt oder nachträglich aus der verfassunggebenden deutschen Nationalversammlung ausscheidet, tritt an seine Stelle ohne die Vornahme einer Ersatzwahl der Bewerber, der demselben Wahlvorschlag oder, wenn dieser erschöpft ist, einem mit ihm verbundenen Wahlvorschlag angehört und nach dem Grundsatz des § 20 hinter dem Abgeordneten an erster Stelle berufen erscheint.

Ist ein solcher Bewerber nicht vorhanden, so bleibt der Abgeordnetensitz unbesetzt.

§ 22.

Das Wahlverfahren wird auf der Grundlage der gegenwärtigen Verordnung durch eine besondere Wahlordnung näher geregelt, die der Staatssekretär des Innern erläßt.

§ 23.

Die Kosten für die Vordrucke zu den Wahlprotokollen und für die Ermittlung des Wahlergebnisses in den Wahlkreisen werden von den Bundesstaaten, alle übrigen Kosten des Wahlverfahrens von den Gemeinden getragen.

§ 24.

Die Wahlen zur verfassunggebenden deutschen Nationalversammlung finden Sonntag, den 16. Februar 1919 statt.

§ 25.

Beschließt die deutsche Nationalversammlung, daß Deutsch-Österreich seinem Wunsche entsprechend in das Deutsche Reich aufgenommen wird, so treten die deutsch-österreichischen Abgeordneten ihr als gleichberechtigte Mitglieder bei.

Voraussetzung für den Beitritt ist, daß die Abgeordneten auf Grund allgemeiner, gleicher, unmittelbarer und geheimer Wahlen unter Beteiligung auch der Frauen nach den Grundsätzen der Verhältniswahl gewählt werden. Die Zahl der Abgeordneten wird auf der Grundlage bestimmt, daß durchschnittlich auf 150000 Seelen ein Abgeordneter entfällt. Der Wahltag braucht mit dem deutschen Wahltag nicht zusammenzufallen.

§ 26.

Diese Verordnung hat Gesetzeskraft und tritt mit ihrer Verkündung in Kraft.

Berlin, den 30. November 1918.

Der Rat der Volksbeauftragten.
Ebert. Haase.

Der Staatssekretär des Innern.
Dr. Preuß.

Anlage.

Nr.	Je 1 Wahlkreis bilden	Nach der Volkszählung vom 1. Dezember 1910 mit Einwohnern	In dem Wahlkreis sind an Abgeordneten zu wählen
1	die Provinz Ostpreußen	2064175	14
2	die Provinz Westpreußen	1703474	11
3	die Stadt Berlin	2071257	14
4	die Reichstagswahlkreise Potsdam 1—9, soweit sie zum Regierungsbezirke Potsdam gehören . . .	1544851	10
5	der Reichstagswahlkreis Potsdam 10, soweit er zum Regierungsbezirke Potsdam gehört	1314576	9
6	der Regierungsbezirk Frankfurt a. O.	1233189	8
7	die Provinz Pommern	1716921	11
8	die Provinz Posen	2099831	14
9	der Regierungsbezirk Breslau . .	1841398	12
10	der Regierungsbezirk Oppeln . .	2207981	15
11	der Regierungsbezirk Liegnitz . .	1176583	8
12	der Regierungsbezirk Magdeburg und Anhalt	1580118	11
13	der Regierungsbezirk Merseburg .	1309510	9
14	die Provinz Schleswig-Holstein und das zu Oldenburg gehörige Fürstentum Lübeck	1662304	11
15	die Regierungsbezirke Aurich und Osnabrück sowie Oldenburg ohne die Fürstentümer Birkenfeld und Lübeck	1041810	7
16	die Regierungsbezirke Hannover, Hildesheim und Lüneburg; sowie Braunschweig	2356856	16

Nr.	Je 1 Wahlkreis bilden	Nach der Volkszählung vom 1. Dezember 1910 mit Einwohnern	In dem Wahlkreis sind an Abgeordneten zu wählen
17	die Regierungsbezirke Münster und Minden, der zur Provinz Hessen-Nassau gehörige Kreis Schaumburg sowie die beiden Lippe	1971486	13
18	der Regierungsbezirk Arnsberg . .	2399840	16
19	die Provinz Hessen-Nassau ohne die Kreise Schaumburg und Schmalkalden, ferner der Kreis Wetzlar vom Regierungsbezirke Koblenz sowie Waldeck	2251629	15
20	die Regierungsbezirke Cöln und Aachen	1940317	13
21	die Regierungsbezirke Coblenz und Trier, ohne den Kreis Wetzlar, ferner das zu Oldenburg gehörige Fürstentum Birkenfeld .	1750819	12
22	die Reichstagswahlkreise Düsseldorf 1--5, soweit sie zum Regierungsbezirke Düsseldorf gehören. . .	1820598	12
23	die Reichstagswahlkreise 6—12 des Regierungsbezirks Düsseldorf .	1597790	11
24	die Regierungsbezirke Oberbayern und Schwaben.	2321918	15
25	die Regierungsbezirke Niederbayern und Oberpfalz	1324615	9
26	die Regierungsbezirke Ober-, Mittel- und Unterfranken . . .	2303673	15
27	der Regierungsbezirk Pfalz . . .	937085	6
28	die sächsischen Reichstagswahlkreise 1—9	1771117	12

Nr.	Je 1 Wahlkreis bilden	Nach der Volkszählung vom 1. Dezember 1910 mit Einwohnern	In dem Wahlkreis sind an Abgeordneten zu wählen
29	die sächsischen Reichstagswahlkreise 10—14	1165330	8
30	die sächsischen Reichstagswahlkreise 15—23	1870214	12
31	der Neckarkreis und der Jagstkreis	1297538	9 [1]
32	der Schwarzwaldkreis und der Donaukreis sowie der Regierungsbezirk Sigmaringen . . .	1211047	8 [1]
33	Baden	2142833	14
34	Hessen	1282051	9
35	Mecklenburg-Schwerin, Mecklenburg-Strelitz und Lübeck . . .	862999	6
36	die thüringischen Staaten Sachsen-Weimar, Sachsen-Meiningen, Sachsen-Altenburg, Sachsen-Coburg und Gotha, die beiden Schwarzburg und die beiden Reuß sowie der Regierungsbezirk Erfurt und der zur Provinz Hessen-Nassau gehörige Kreis Schmalkalden	2160692	14
37	Hamburg, Bremen und der Regierungsbezirk Stade	1743545	12
38	Elsaß-Lothringen	1874014	12
		Zusammen	433

[1]) Laut § 1 der Verordnung vom 6. Dezember 1918 (RGBl. S. 1403) sind die beiden Wahlkreise 31 und 32 zu einem Wahlkreis vereinigt, in dem insgesamt 17 Abgeordnete zu wählen sind.

Die Wahlkreise

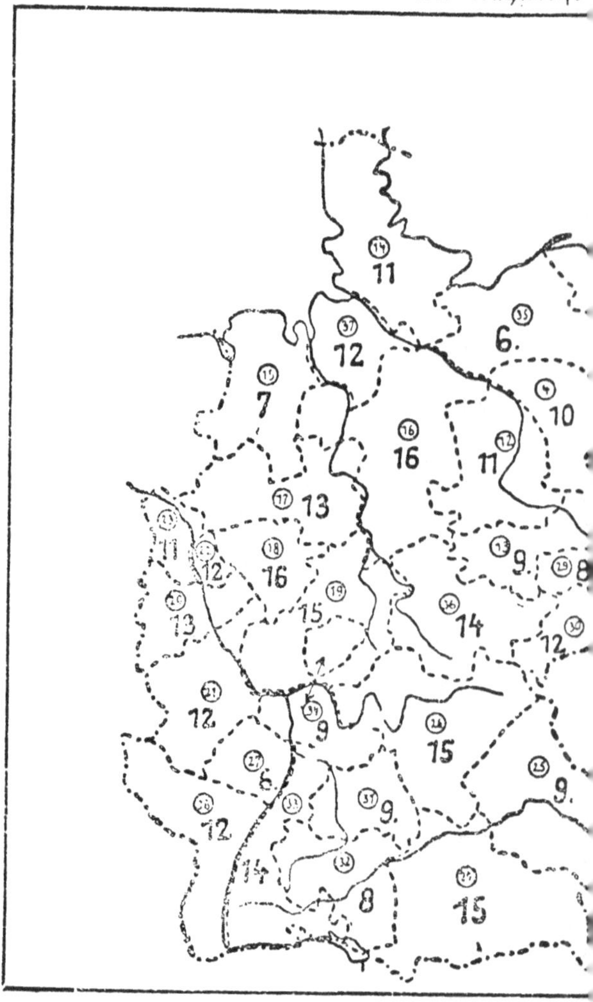

Reichswahlgesetz.

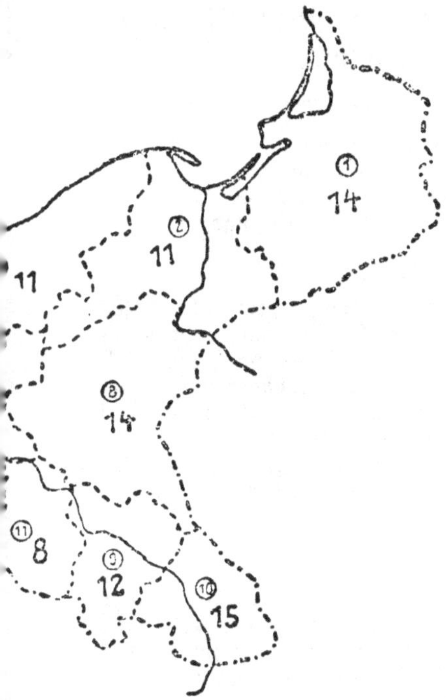

⊕ = Nummer des Wahlkreises für die Nationalversammlung.

14 = Anzahl der zu wählenden Abgeordneten im Wahlkreis.

Anmerkung: Laut § 1 der Verordnung vom 6. Dezember 1918 (RGBl. S. 1403) sind die beiden Wahlkreise 31 und 32 zu einem Wahlkreis vereinigt, in dem insgesamt 17 Abgeordnete zu wählen sind.

II.

Wahlordnung für die Wahlen zur verfassunggebenden deutschen Nationalversammlung.

Vom 30. November 1918 (RGBl. S. 1353).

Auf Grund des § 22 der Verordnung über die Wahlen zur verfassunggebenden deutschen Nationalversammlung (Reichswahlgesetz) vom 30. November 1918 (Reichs-Gesetzbl. S. 1345) wird folgende Wahlordnung erlassen:

§ 1.

Für jede Gemeinde (selbständigen Gutsbezirk und desgleichen) ist die Wählerliste nach dem in der Anlage **A**[1]) beigefügten Vordruck von dem Gemeindevorstand (Ortsvorstand, Inhaber eines selbständigen Gutsbezirkes, Magistrat usw.) in zwei gleichlautenden Stücken aufzustellen.

In Gemeinden, die in mehrere Stimmbezirke zerfallen, werden die Wählerlisten für die einzelnen Bezirke besonders aufgestellt.

§ 2.

In die Wählerliste sind alle Wahlberechtigten nach Zu- und Vornamen, Alter, Gewerbe und Wohnort in alphabetischer Ordnung einzutragen.

Es können nach Geschlechtern getrennte Wählerlisten angelegt werden.

In den Städten dürfen die Wählerlisten auch in der Art angelegt werden, daß die Straßen nach

---

[1]) Anlage **A** siehe S. 40—43.

der alphabetischen Reihenfolge ihrer Namen, innerhalb der Straßen die Häuser nach ihrer Nummer und innerhalb jedes Hauses die Wahlberechtigten in alphabetischer Reihenfolge eingetragen werden.

§ 3.

Der Tag, von dem ab die Wählerlisten auszulegen sind, wird vom Staatssekretär des Innern bestimmt.

Der Gemeindevorstand hat vor der Auslegung der Wählerlisten in ortsüblicher Weise bekanntzugeben, wo und wie lange die Wählerlisten zu jedermanns Einsicht ausgelegt werden, sowie in welcher Zeit und in welcher Weise Einsprüche gegen die Wählerlisten zu erheben sind.

§ 4.

Wer die Wählerliste für unrichtig oder unvollständig hält, kann dies bis zum Ablauf der Auslegungsfrist bei der Gemeindeverwaltungsbehörde oder einem von ihr ernannten Kommissar schriftlich anzeigen oder zu Protokoll geben. Soweit die Richtigkeit seiner Behauptungen nicht offenkundig ist, hat er für sie Beweismittel beizubringen.

Wenn der Einspruch nicht sofort für begründet erachtet wird, entscheidet über ihn die nach § 10 zuständige Behörde.

Die Entscheidung muß binnen vierzehn Tagen nach Ablauf der Auslegungsfrist erfolgt und den Beteiligten bekanntgegeben sein.

§ 5.

Im Falle einer Berichtigung der Wählerliste sind die Gründe der Streichungen und Nachträge am Rande der Liste unter Angabe des Datums kurz zu vermerken. Etwaige Belege sind dem Hauptstück der Wählerliste beizuheften.

§ 6.

Nach dem Ablauf der Auslegungsfrist können in die Wählerliste Wahlberechtigte nur in Erledigung rechtzeitig angebrachter Einsprüche aufgenommen werden.

Verlegt ein Wahlberechtigter nach diesem Zeitpunkt seinen Wohnsitz nach einem anderen Stimmbezirke, so ist er berechtigt, sich nach Löschung seines Namens in der Wählerliste seines bisherigen Stimmbezirkes auf Grund einer hierüber von der Gemeindebehörde auszustellenden Bescheinigung im Stimmbezirke seines neuen Wohnsitzes nachträglich in die Wählerliste aufnehmen zu lassen.

§ 7.

Die beiden gleichmäßig berichtigten Stücke der Wählerliste sind nach Ablauf der Frist des § 4 Abs. 3 vom Gemeindevorstand abzuschließen und zu unterschreiben.

Hierbei hat der Gemeindevorstand eine Bescheinigung darüber auszustellen, daß und wie lange die Wählerliste ausgelegen hat, sowie daß die Bekanntmachung hierüber und ebenso die im § 30 vorgeschriebenen ortsüblichen Bekanntmachungen erfolgt sind. Außerdem ist auf dem zweiten Stücke der Wählerliste amtlich zu bescheinigen, daß es mit dem Hauptstück völlig übereinstimmt.

§ 8.

Das Hauptstück der Wählerliste nebst den Belegen hat der Gemeindevorstand sorgfältig aufzubewahren, das zweite Stück dagegen dem Wahlvorsteher zur Benutzung bei der Wahl zu übersenden.

In Stimmbezirken, die aus mehr als einer Gemeinde bestehen, heften die Wahlvorsteher die ihnen aus den einzelnen Gemeinden zugehenden Wählerlisten zu einer Wählerliste zusammen.

§ 9.

Jeder Stimmbezirk soll durchschnittlich 2500, höchstens 3500 Einwohner nach der Volkszählung vom 1. Dezember 1910 umfassen.

Die zuständigen Behörden haben dem Wahlkommissar über die Abgrenzung der Stimmbezirke unverzüglich Anzeige zu erstatten.

§ 10.

Aus der Anlage B[1]) ergeben sich die Behörden, die in den einzelnen Bundesstaaten für die Abgrenzung der Stimmbezirke, die Entscheidung über Einsprüche gegen die Wählerlisten, die Ernennung der Wahlvorsteher und ihrer Stellvertreter und die Bestimmung des Wahlraums zuständig sind.

Sind die dort genannten Behörden durch andere ersetzt worden, so treten diese an ihre Stelle.

§ 11.

Die Wahlkommissare sind unverzüglich nach dem Erlasse dieser Verordnung zu ernennen; die Ernennung ist öffentlich bekanntzumachen.

Den Wahlkommissar ernennt für die preußischen Wahlkreise, falls sie mehrere Regierungsbezirke umfassen, der Oberpräsident, sonst der Regierungspräsident. Gehören zu diesen Kreisen die Gebiete anderer Bundesstaaten, so sind zuvor die beteiligten Landesregierungen zu hören.

---

[1]) Anlage B siehe S. 41—48.

Den Wahlkommissar für den 32. Wahlkreis ernennt die Landesregierung von Württemberg, für den 35. Wahlkreis die Landesregierung von Mecklenburg Schwerin, für den 36. Wahlkreis die Landesregierung von Sachsen-Weimar und für den 37. Landkreis die Landesregierung von Hamburg nach Anhörung der mitbeteiligten Landesregierungen.

Im übrigen ernennt die Landesregierung den Wahlkommissar.

§ 12.

Der Wahlkommissar hat spätestens vier Wochen vor dem Wahltag zur Einreichung von Wahlvorschlägen durch eine Bekanntmachung in den zu amtlichen Veröffentlichungen dienenden Blättern des Wahlkreises aufzufordern.

In der Bekanntmachung sind die Tage zu bezeichnen, an denen spätestens die Wahlvorschläge einzureichen und die Verbindungen von Wahlvorschlägen zu erklären sind.

Die Bekanntmachung soll die Vorschriften über Beschaffenheit und Inhalt der Wahlvorschläge wiedergeben.

Möglichst gleichzeitig, spätestens vor Ablauf der Frist zur Einreichung der Wahlvorschläge sind die Namen der Beisitzer des Wahlausschusses (§ 22) öffentlich bekanntzugeben.

§ 13.

Wahlvorschläge können auch vor der öffentlichen Aufforderung eingereicht werden, sobald der Wahlkommissar ernannt ist.

§ 14.

In den Wahlvorschlägen sollen die Bewerber mit Ruf- und Familiennamen aufgeführt und ihr

Stand oder Beruf sowie ihr Wohnort so deutlich angegeben werden, daß über ihre Persönlichkeit kein Zweifel besteht.

Sie sind in erkennbarer Reihenfolge aufzuführen.

§ 15.

Die Unterzeichner der Wahlvorschläge sollen ihren Unterschriften die Angabe ihres Berufs oder Standes und ihrer Wohnung beifügen.

Gleichzeitig mit dem Wahlvorschlage sind außer den durch § 11 Abs. 3 des Reichswahlgesetzes vorgeschriebenen Zustimmungserklärungen der vorgeschlagenen Bewerber Bescheinigungen der Gemeindebehörden vorzulegen, daß die Unterzeichner in die Wählerliste aufgenommen worden sind. Die Gemeindebehörden haben solche Bescheinigungen auf Antrag unverzüglich gebührenfrei auszustellen.

§ 16.

In jedem Wahlvorschlage soll ein Vertrauensmann bezeichnet werden, der für die Verhandlungen mit dem Wahlkommissar und dem Wahlausschusse, zur Rücknahme des Wahlvorschlags sowie zur Abgabe und Rücknahme von Verbindungserklärungen bevollmächtigt ist. In derselben Weise kann ein Stellvertreter des Vertrauensmanns bezeichnet werden.

Fehlt die Bezeichnung des Vertrauensmanns, so gilt der erste Unterzeichner als solcher.

Erklärt mehr als die Hälfte der Unterzeichner eines Wahlvorschlags schriftlich, daß der Vertrauensmann oder sein Stellvertreter durch einen anderen ersetzt werden soll, so tritt dieser an die Stelle des früheren Vertrauensmanns, sobald die Erklärung dem Wahlkommissar zugeht.

§ 17.

Der Wahlkommissar hat die Vertrauensmänner unverzüglich zur Beseitigung von Mängeln der eingereichten Wahlvorschläge aufzufordern.

Die Mängel der Wahlvorschläge und ihrer Verbindungen können nur bis zum 7. Tage vor dem Wahltag beseitigt werden. Innerhalb derselben Frist müssen Bewerber, die auf mehreren Wahlvorschlägen desselben Wahlkreises benannt sind, dem Wahlkommissar erklären, für welchen Wahlvorschlag sie sich entscheiden.

§ 18.

Bewerber, gegen deren Wählbarkeit der Wahlkommissar Bedenken erhebt, können innerhalb der Frist des § 17 Abs. 2 durch andere ersetzt werden, wenn mehr als die Hälfte der Unterzeichner des Wahlvorschlags einen entsprechenden Antrag schriftlich stellt.

In gleicher Weise kann die Zahl der Bewerber bis zur gesetzlichen Höchstzahl (§ 11 des Reichswahlgesetzes) nachträglich ergänzt werden.

§ 19.

Der Wahlkommissar soll darauf hinwirken, daß nicht dieselben Unterschriften unter mehreren Wahlvorschlägen stehen.

§ 20.

Jeder Wahlvorschlag darf nur einer Gruppe von verbundenen Wahlvorschlägen angehören.

Sind Erklärungen abgegeben worden, nach denen ein Wahlvorschlag verschiedenen Gruppen angehören soll, so hat der Wahlkommissar durch eine Verhandlung mit den Vertrauensmännern auf eine vorschriftsmäßige Verbindung der Wahlvorschläge hinzuwirken.

§ 21.

Der Vertrauensmann kann gegen Verfügungen, die der Wahlkommissar auf Grund der §§ 17 bis 20 erläßt, die Entscheidung des Wahlausschusses anrufen.

§ 22.

Zwecks Bildung des Wahlausschusses beruft der Wahlkommissar vier Wahlberechtigte aus dem Wahlkreis und verpflichtet sie durch Handschlag an Eides Statt. Der Wahlkommissar soll zwei Wahlberechtigte bestimmen, die bei Behinderung der Beisitzer für diese einzutreten haben.

Außerdem hat er einen Schriftführer hinzuzuziehen und in gleicher Weise zu verpflichten.

Die Beisitzer des Wahlausschusses erhalten keine Vergütung.

§ 23.

Der Wahlausschuß entscheidet unverzüglich nach dem Ablauf der Frist für die Beseitigung von Mängeln (§ 17 Abs. 2) in öffentlicher Sitzung über die Zulassung der Wahlvorschläge und ihrer Verbindungen.

§ 24.

In den Wahlvorschlägen werden die Namen der Bewerber gestrichen, deren Persönlichkeit nicht feststeht, deren Zustimmungserklärung fehlt, die nachgewiesenermaßen nicht wählbar sind oder die auf mehreren Wahlvorschlägen desselben Wahlkreises benannt sind.

Bewerber, die auf demselben Wahlvorschlage mehrmals benannt sind, gelten als nur einmal vorgeschlagen.

Bleiben danach auf einem Wahlvorschlage mehr Namen stehen als nach § 11 des Reichswahlgesetzes zulässig sind, so werden die Namen gestrichen, die in der Reihenfolge der Benennungen der gesetzlich zugelassenen Zahl nachfolgen.

§ 25.

Nicht zuzulassen sind Wahlvorschläge oder Verbindungen von solchen, die verspätet eingereicht oder erklärt sind oder den gesetzlichen Erfordernissen nicht entsprechen.

Kommt bei der Verhandlung nach § 20 Abs. 2 eine Einigung nicht zustande, so sind die in Betracht kommenden Verbindungen nicht zuzulassen.

§ 26.

Werden Namen auf Wahlvorschlägen gestrichen oder Wahlvorschläge oder Verbindungen von solchen nicht zugelassen, so ist hiervon dem Vertrauensmann unter Beifügung von Gründen Mitteilung zu machen.

§ 27.

Der Name des Bewerbers, der in dem Wahlvorschlag an erster Stelle genannt ist, dient zur Bezeichnung des Wahlvorschlags.

§ 28.

Der Wahlausschuß hat gleichzeitig sämtliche zugelassenen Wahlvorschläge in der Form, in der sie zugelassen werden, aber unter Weglassung der Namen der Unterzeichner und Vertrauensmänner, spätestens am 5. Tage vor dem Wahltag durch die zu amtlichen Veröffentlichungen dienenden Blätter des Wahlkreises bekanntzumachen.

Hierbei ist zugleich anzugeben, welche Wahlvorschläge miteinander verbunden sind.

In der Bekanntmachung soll die rechtliche Bedeutung der Wahlvorschläge und ihrer Verbindung kurz erläutert werden.

§ 29.

Die nach § 10 zuständigen Behörden haben bei der Ernennung des Wahlvorstehers und seines Stellvertreters zugleich den Raum zu bestimmen, in dem die Wahl vorzunehmen ist.

§ 30.

Die Abgrenzung der Stimmbezirke, die Ernennung des Wahlvorstehers und seines Stellvertreters, die Bestimmung des Wahlraums sowie Tag und Stunde der Wahlen sind spätestens am 7. Tage vor dem Wahltag durch die zu amtlichen Veröffentlichungen dienenden Blätter zu veröffentlichen und außerdem von den Gemeindevorständen in ortsüblicher Weise bekanntzugeben.

§ 31.

Die Wahlhandlung beginnt um 9 Uhr vormittags.

§ 32.

Der Wahlvorsteher lädt die Mitglieder des Wahlvorstandes spätestens am 3. Tage vor dem Wahltag ein, bei Beginn der Wahlhandlung zur Bildung des Wahlvorstandes im Wahlraum zu erscheinen.

Die Mitglieder des Wahlvorstandes erhalten keine Vergütung.

§ 33.

Der Tisch, an dem der Wahlvorstand Platz nimmt, ist so aufzustellen, daß er von allen Seiten zugänglich ist.

An diesen Tisch wird ein verdecktes Gefäß (Wahlurne) zum Hineinlegen der Stimmzettel gestellt. Die Wahlurne muß viereckig sein. Im Innern gemessen muß ihre Höhe mindestens 90 Zentimeter und der Abstand jeder Wand von der gegenüberliegenden Wand mindestens 35 Zentimeter betragen. Im Deckel muß die Wahlurne einen Spalt haben, der nicht breiter als 2 Zentimeter sein darf und durch den die Umschläge mit den Stimmzetteln hineingesteckt werden müssen. Vor dem Beginne der Abstimmung hat sich der Wahlvorstand davon zu überzeugen, daß die Wahlurne leer ist. Von da ab bis zur Herausnahme der Umschläge mit den Stimmzetteln nach Schluß der Abstimmung darf die Wahlurne nicht wieder geöffnet werden.

Es ist entweder durch Bereitstellung eines oder mehrerer Nebenräume, die nur durch das Wahllokal betretbar und unmittelbar mit ihm verbunden sind, oder durch Vorrichtungen an einem oder mehreren von dem Vorstandstische getrennten Nebentischen Vorsorge dafür zu treffen, daß der Wähler seinen Stimmzettel unbeobachtet in den Umschlag zu legen vermag.

Je ein Abdruck des Reichswahlgesetzes, dieser Wahlordnung und der nach § 28 für den Wahlkreis erlassenen Bekanntmachung ist im Wahlraum auszulegen.

§ 34.

Die Stimmzettel müssen von weißem Papier und dürfen mit keinem Kennzeichen versehen sein; sie sollen 9 : 12 Zentimeter groß und von mittelstarkem Schreibpapier sein und sind von dem Wähler in einem mit amtlichem Stempel versehenen Umschlag, der sonst kein Kennzeichen haben darf, abzugeben. Die Umschläge sollen 12 : 15 Zentimeter groß und aus undurchsichtigem Papier hergestellt sein; sie sind in der erforderlichen Zahl bereitzuhalten.

Im Wahlraum dürfen Stimmzettel weder aufgelegt noch verteilt werden.

§ 35.

Die Wahlhandlung wird damit eröffnet, daß der Wahlvorsteher den Schriftführer und die Beisitzer durch Handschlag an Eides Statt verpflichtet und so den Wahlvorstand bildet.

Zu keiner Zeit der Wahlhandlung dürfen weniger als drei Mitglieder des Wahlvorstandes gegenwärtig sein. Der Wahlvorsteher und der Schriftführer dürfen sich während der Wahlhandlung nicht gleichzeitig entfernen; verläßt einer von ihnen vorübergehend den Wahlraum, so ist mit seiner Vertretung ein anderes Mitglied des Wahlvorstandes zu beauftragen.

§ 36.

Zutritt zum Wahlraum hat jeder Wahlberechtigte (§ 2 des Reichswahlgesetzes). Ansprachen darf niemand darin halten. Nur der Wahlvorstand darf über das Wahlgeschäft beraten und beschließen.

Der Wahlvorstand kann jeden aus dem Wahlraum verweisen, der die Ruhe und Ordnung der Wahlhandlung stört; ein Wahlberechtigter des Stimmbezirkes, der hiervon betroffen wird, darf vorher seine Stimme abgeben.

§ 37.

Der Wahlvorsteher leitet die Wahl.

Der Wähler, der seine Stimme abgeben will, nimmt einen abgestempelten Umschlag aus der Hand einer Person, die der Wahlvorstand in der

Nähe des Zuganges zu dem Nebenraum oder Nebentische (§ 33 Abs. 3) aufgestellt hat. Er begibt sich sodann in den Nebenraum oder an den Nebentisch, steckt dort seinen Stimmzettel in den Umschlag, tritt an den Vorstandstisch, nennt seinen Namen und auf Erfordern seine Wohnung und übergibt, sobald der Schriftführer den Namen in der Wählerliste aufgefunden hat, den Umschlag mit dem Stimmzettel dem Wahlvorsteher oder dessen Stellvertreter, der ihn sofort uneröffnet in die Wahlurne legt.

Wähler, die durch körperliche Gebrechen behindert sind, ihre Stimmzettel eigenhändig in den Umschlag zu legen und diese dem Wahlvorsteher zu übergeben, dürfen sich der Beihilfe einer Vertrauensperson bedienen.

Stimmzettel, die nicht in dem abgestempelten Umschlag oder die in einem mit einem Kennzeichen versehenen Umschlag abgegeben werden, hat der Wahlvorsteher zurückzuweisen, ebenso die Stimmzettel von Wählern, die sich nicht in den Nebenraum oder an den Nebentisch begeben haben.

Der Wahlvorsteher hat darauf zu halten, daß die Wähler in dem Nebenraum oder an dem Nebentische nur so lange verweilen, als unbedingt erforderlich ist, um den Stimmzettel in den Umschlag zu stecken.

§ 38.

Der Schriftführer vermerkt die Stimmabgabe jedes Wählers neben dessen Namen in der Wählerliste.

§ 39.

Um 8 Uhr nachmittags erklärt der Wahlvorsteher die Abstimmung für geschlossen. Hiernach dürfen keine Stimmzettel mehr angenommen werden.

Die Umschläge werden aus der Wahlurne genommen und uneröffnet gezählt Zugleich wird die Zahl der Abstimmungsvermerke in der Wählerliste festgestellt (§ 38). Ergibt sich dabei auch nach wiederholter Zählung eine Verschiedenheit, so ist dies im Wahlprotokoll anzugeben und, soweit möglich, zu erläutern.

§ 40.

Kann die Prüfung der Umschläge und Stimmzettel am Wahltag nicht mehr vorgenommen werden, so hat der Wahlvorsteher für die Versiegelung und Aufbewahrung der uneröffneten Wahlvorschläge Sorge zu tragen.

§ 41.

Bei der Prüfung des Abstimmungsergebnisses, die spätestens am nächstfolgenden Tage erfolgen muß, öffnet ein Beisitzer die Umschläge, nimmt die Stimmzettel heraus und übergibt sie dem Wahlvorsteher, der sie laut vorliest und nebst den Umschlägen einem anderen Beisitzer zur Aufbewahrung bis zum Ende der Wahlhandlung übergibt.

§ 42.

Ungültig sind Stimmzettel,

1. die nicht in einem amtlich abgestempelten Umschlag oder die in einem mit einem Kennzeichen versehenen Umschlag übergeben worden sind;
2. die nicht von weißem Papier sind;
3. die mit einem Kennzeichen versehen sind;
4. die keinen oder keinen lesbaren Namen enthalten;
5. aus denen nicht die Person mindestens eines Bewerbers unzweifelhaft zu erkennen ist:

6. die eine Verwahrung oder einen Vorbehalt gegenüber allen Gewählten enthalten;
7. die Namen aus verschiedenen Wahlvorschlägen enthalten;
8. die ausschließlich auf andere als die in den öffentlich bekanntgegebenen Wahlvorschlägen aufgeführten Personen lauten.

Mehrere in einem Umschlag enthaltene gleichlautende Stimmzettel gelten als eine Stimme; in einem Umschlag enthaltene, auf verschiedene Personen lautende Stimmzettel sind ungültig.

Die gültigen Stimmzettel sind ohne Rücksicht auf ihre Vollständigkeit und die Reihenfolge der Benennungen den einzelnen Wahlvorschlägen zuzurechnen.

§ 43.

Der Schriftführer vermerkt im Protokoll jede dem einzelnen Wahlvorschlage zugefallene Stimme und zählt die Stimmen laut.

In gleicher Weise führt einer der Beisitzer eine Gegenliste, die ebenso wie die Wählerliste beim Schlusse der Wahlhandlung vom Wahlvorstande zu unterschreiben und dem Protokoll beizufügen ist.

§ 44.

Die Stimmzettel, über deren Gültigkeit oder Ungültigkeit der Wahlvorstand Beschluß fassen muß, sind mit fortlaufenden Nummern zu versehen und dem Protokoll beizufügen. Im Protokoll sind die Gründe kurz anzugeben, aus denen die Stimmzettel für gültig oder ungültig erklärt worden sind.

Wenn ein Stimmzettel wegen der Beschaffenheit des Umschlags für ungültig erklärt worden ist, ist auch der Umschlag anzuschließen.

§ 45.

Alle Stimmzettel und Umschläge, die nicht nach § 44 dem Wahlprotokoll beizufügen sind, hat der Wahlvorsteher in Papier einzuschlagen, zu versiegeln und aufzubewahren, bis die Wahl für gültig erklärt worden ist.

§ 46.

Über die Wahlhandlung ist ein Protokoll nach dem in der Anlage C[1]) beigefügten Vordruck aufzunehmen.

§ 47.

Den Wahlvorständen und den Wahlausschüssen können für die Prüfung der Abstimmung und die Ermittlung des Wahlergebnisses Beamte als Hilfsarbeiter beigegeben werden.

Zuständig zur Bestellung der Hilfsarbeiter bei den Wahlvorständen sind die für die Ernennung der Wahlvorsteher zuständigen Behörden, für die Bestellung der Hilfsarbeiter bei den Wahlausschüssen die Wahlkommissare.

Die Hilfsarbeiter nehmen an der Beschlußfassung nicht teil.

§ 48.

Die Wahlprotokolle mit sämtlichen zugehörigen Schriftstücken sind von den Wahlvorstehern ungesäumt, jedenfalls aber so zeitig dem Wahlkommissar einzureichen, daß sie spätestens im Laufe des 3. Tages nach dem Wahltag in dessen Hände gelangen.

Die Wahlvorsteher sind für die pünktliche Ausführung dieser Vorschrift verantwortlich.

§ 49.

Zur Ermittlung des Wahlergebnisses beruft der Wahlkommissar den Wahlausschuß auf den 6. Tag

[1]) Anlage C siehe S. 49—55.

nach dem Wahltag in einen von ihm zu bestimmenden Raum.

Es können andere Beisitzer als zur Prüfung der Wahlvorschläge zugezogen werden.

Ort und Zeit der Sitzung sind öffentlich bekanntzugeben. Jeder Wahlberechtigte (§ 2 des Reichswahlgesetzes) hat Zutritt.

§ 50.

In der Sitzung des Wahlausschusses werden die Protokolle über die Wahlen in den einzelnen Stimmbezirken durchgesehen und die Ergebnisse der Wahlen zusammengestellt.

Geben die Wahlen in den einzelnen Stimmbezirken zu Bedenken Anlaß, so kann der Wahlkommissar die von den Wahlvorstehern aufbewahrten Stimmzettel und Umschläge (§ 45) einfordern und einsehen.

§ 51.

Zwecks Verteilung der Abgeordnetensitze auf die Wahlvorschläge gemäß § 19 des Reichswahlgesetzes werden die auf die einzelnen Wahlvorschläge entfallenen Stimmenzahlen nacheinander durch 1, 2, 3, 4 usw. geteilt, bis von den sich hierbei ergebenden Teilzahlen so viele Höchstzahlen der Größe nach ausgesondert werden können, wie Abgeordnete zu wählen sind. Jeder Wahlvorschlag erhält so viele Abgeordnetensitze, wie auf ihn Höchstzahlen entfallen. Wenn die an letzter Stelle stehende Höchstzahl auf mehrere Wahlvorschläge zugleich entfällt, entscheidet das Los.

§ 52.

Sind verbundene Wahlvorschläge vorhanden, so wird bei der Verteilung der Abgeordnetensitze auf die einzelnen Wahlvorschläge jede Gruppe verbundener Wahlvorschläge als ein Wahlvorschlag angesehen und ihr die ihrer Gesamtstimmenzahl entsprechende Zahl von Abgeordnetensitzen zugewiesen.

Ist so die Zahl der Abgeordnetensitze festgestellt, die auf jede Gruppe verbundener Wahlvorschläge zusammen entfallen, so werden nach den Grundsätzen des § 51 die Abgeordnetensitze auf die einzelnen miteinander verbundenen Wahlvorschläge unterverteilt.

§ 53.

Wenn ein Wahlvorschlag oder eine Gruppe verbundener Wahlvorschläge weniger Bewerber enthält, als auf sie Höchstzahlen entfallen, so gehen die überschüssigen Sitze auf die Höchstzahlen der anderen Wahlvorschläge über.

§ 54.

Das Ergebnis der Wahl wird von dem Wahlkommissar sofort nach seiner Feststellung unter Angabe der Zahlen der auf die einzelnen Wahlvorschläge und auf jede Gruppe verbundener Wahlvorschläge entfallenen gültigen Stimmen, sowie der Namen der Gewählten verkündet.

In gleicher Weise wird das Ergebnis der Wahl unverzüglich durch die zu amtlichen Veröffentlichungen dienenden Blätter des Wahlkreises bekanntgegeben.

§ 55.

Über die Verhandlung zur Ermittlung des Wahlergebnisses ist ein Protokoll nach dem als Anlage D[1]) beigefügten Vordruck aufzunehmen.

§ 56.

Der Wahlkommissar hat die Gewählten von der auf sie gefallenen Wahl zu benachrichtigen und sie

[1]) Anlage D siehe S. 56—63.

aufzufordern, sich binnen einer Woche nach Zustellung der Nachricht über die Annahme der Wahl zu erklären.

Schweigen oder Annahme unter Vorbehalt oder Verwahrung gilt als Ablehnung.

§ 57.

Sämtliche Verhandlungen über die Wahlen in den Stimmbezirken und über die Ermittlung des Wahlergebnisses werden von dem Wahlkommissar unverzüglich der vorgesetzten Landeszentralbehörde zur Mitteilung an die verfassunggebende deutsche Nationalversammlung vorgelegt.

§ 58.

Wenn ein Abgeordneter die Wahl ablehnt oder nachträglich aus der verfassunggebenden deutschen Nationalversammlung ausscheidet, hat die zur Ernennung des Wahlkommissars zuständige Behörde (§ 11) unverzüglich die nach § 21 des Reichswahlgesetzes notwendigen Feststellungen herbeizuführen. Erforderlichenfalls ernennt sie einen neuen Wahlkommissar und macht dies öffentlich bekannt.

§ 59.

Der Wahlkommissar beruft unverzüglich den Wahlausschuß gemäß § 49.

Der Wahlausschuß stellt auf Grund des nach § 55 aufgenommenen Protokolls fest, wer nach § 21 des Reichswahlgesetzes als Ersatzmann in die verfassunggebende deutsche Nationalversammlung eintritt. § 56 findet Anwendung.

§ 60.

Ist ein Bewerber nicht vorhanden, der an die Stelle des Ablehnenden oder Ausscheidenden zu treten hätte, so stellt der Wahlausschuß dies in einem mit Gründen versehenen Beschlusse fest.

§ 61.

Wird im Wahlprüfungsverfahren die ganze Wahl in einem Wahlkreis für ungültig erklärt, so hat die nach § 11 zuständige Behörde sofort eine Nachwahl für den Wahlkreis zu veranlassen. Erforderlichenfalls ernennt sie einen neuen Wahlkommissar und macht dies öffentlich bekannt.

§ 62.

Die Nachwahl findet nach denselben Vorschriften statt wie die erste.

Die Stimmbezirke, die Wahlräume, die Wahlvorsteher und ihre Stellvertreter bleiben unverändert, soweit nicht eine Änderung nach dem Ermessen der nach § 10 zuständigen Behörde geboten erscheint. Solche Änderungen sind gemäß § 30 öffentlich bekanntzumachen. Die Bescheinigung hierüber ist nicht auf der Wählerliste zu erteilen, sondern von den Gemeindevorständen den Wahlvorstehern noch vor dem Wahltag besonders einzureichen.

§ 63.

Findet die Nachwahl binnen Jahresfrist nach dem Wahltag statt, so sind dieselben Wählerlisten anzuwenden wie bei der ersten Wahl. Sie sind zu diesem Zwecke von den Wahlakten zu trennen und den Wahlvorstehern zuzustellen. Eine wiederholte Auslegung und Berichtigung der Listen findet nicht statt.

§ 64.

Findet die Nachwahl später als ein Jahr nach dem Wahltag statt, so müssen die gesamten Wahlvorbereitungen, einschließlich der Aufstellung und Auslegung der Wählerlisten erneuert werden. Der Tag, an dem die Auslegung der Wählerlisten beginnt, ist von der nach § 11 zuständigen Behörde festzusetzen.

§ 65.

Für jede Nachwahl sind neue Wahlvorschläge einzureichen.

Berlin, den 30. November 1918.

Der Staatssekretär des Innern.
Dr. Preuß.

Anlagen

zur Wahlordnung.

Anlage A. **Wähler-**

der Stadt ....
(der Gemeinde) ....
(des Gutsbezirkes) ....

Stimmbezirk Nr. .... { der Stadt ....
(der Gemeinde) ....
(des Gutsbezirkes) ....

Lfde. Nr.	Zuname	Vorname	Alter, Jahre	Stand oder Gewerbe
	der Wähler			
1	2	3	4	5
1	*Abel*	*Carl*	35	*Bauer*
2	*Alert*	*Friederike*	24	*Haustochter*
3	*Arnold*	*Heinrich*	37	*Schulze*
~~4~~	~~*Arnold*~~	~~*Ludwig*~~	~~29~~	~~*Pächter*~~
5	*Böhm*	*Ernst*	42	*Bäcker*
~~6~~	~~*Böhm*~~	~~*Peter*~~	~~70~~	~~*Kesselflicker*~~
7	*Brandt*	*Wilhelmine*	50	*Ehefrau*
8	*Braß*	*Michael*	30	*Brauer*
9	*Braun*	*Emilie*	22	*ohne Beruf*
~~10~~	~~*Cohn*~~	~~*Hirsch*~~	~~30~~	~~*Handelsmann*~~
11	*Cohn*	*Meyer*	48	*Schankwirt*
12	*Donner*	*Max*	28	*Müller*

usw.

N........................, den 19

Der Gemeindevorstand

(Unterliste

....

....

....

.... }
.... } des Kreises ....
.... } (des Amtes)

Wohnort	Vermerk der erfolgten Stimmabgabe		Bemerkungen
	Ordentliche Wahl	Nachwahl	
6	7	8	9
Clausdorf	†		
"			
"	†		
☛			*Nr. 4 ist noch nicht 20 Jahre alt, daher gestrichen am . . ten . . . . (Unterschrift)*
"			
☛			*Nr. 6 hält sich nur vorübergehend in Clausdorf auf; gestrichen auf Entscheidung des Landrats (Amtmanns, Oberbeamten, Magistrats usw.) vom . . . ten . . . . (Unterschrift)*
"			
"			
"	†		
☛			*Nr. 10 ist entmündigt, daher gestrichen am . . ten . . . . . . (Unterschrift)*
"	†		
Buschmühle	†		

usw.

(Ortsvorstand, Magistrat usw.)
schrift)

Nach-

Lfde. Nr.	Zuname	Vorname	Alter, Jahre	Stand oder Gewerbe
		der Wähler		
1	2	3	4	5
215	*Friedrich*	*Paula*	*36*	*Ärztin*
216	*Kaul*	*Ernst*	*26*	*Barbier*

usw.

Abgeschlossen[1]) N. ...., den 19

Der Gemeindevorstand

(Unter-

Daß die vorstehende Wählerliste nach vorgängiger orts-
bis zum .... 19..... zu jedermanns Einsicht
bezirkes, der Name des Wahlvorstehers und seines Stell-
dem Wahltag in ortsüblicher Weise bekanntgemacht worden

N. ...., den .... 19.....

Der Gemeindevorstand

(Siegel)

[1]) Auf dem Exemplar, welches der Wahlvorsteher erhält, ist hinzu-
„mit der amtlichen Bescheinigung, daß das gegenwärtige Exem-
und in der Bescheinigung über die Auslegung statt der Worte:
„die vorstehende Wählerliste“ zu schreiben: „das Hauptexemplar

trag

Wohnort	Vermerk der erfolgten Stimmabgabe		Bemerkungen
	Ordentliche Wahl	Nachwahl	
6	7	8	9
Clausdorf			*Nr. 215 hat erst nach Aufstellung der Wählerliste hier ihren Wohnsitz aufgeschlagen, nachgetragen am . . ten . . . . . 19 . .* *(Unterschrift)*
"			*Nr. 216 aus Versehen übergangen, nachgetragen wie vor.* *(Unterschrift)*

usw.

(Ortsvorstand, Magistrat usw.)

schrift)

üblicher Bekanntmachung vom .... 19......
ausgelegen hat, sowie daß die Abgrenzung des Stimm-
vertreters, Ort, Tag und Stunde der Wahl acht Tage vor
sind, wird hierdurch bescheinigt.

(Ortsvorstand, Magistrat usw.)

(Unterschrift)

zusetzen:
plar mit dem Hauptexemplar der Wählerliste völlig übereinstimmt."

der vorstehenden Wählerliste".

Anlage B.

Verzeichnis
der Behörden, die in den einzelnen Bundesstaaten für die Abgrenzung der Stimmbezirke, die Entscheidung über Einsprüche gegen die Wählerlisten, die Ernennung der Wahlvorsteher und ihrer Stellvertreter und die Bestimmung des Wahlraums zuständig sind.

I. Preußen.

1. In den Provinzen Ostpreußen, Westpreußen, Brandenburg, Pommern, Posen, Schlesien, Sachsen, Schleswig-Holstein, Westfalen, Hessen-Nassau und Rheinprovinz:
   auf dem Lande:
   der Landrat,
   in den Städten:
   der Magistrat und, wo kein kollegialischer Gemeindevorstand vorhanden ist, der Bürgermeister;
2. in der Provinz Hannover:
   auf dem Lande und in den Städten, auf die die Hannoversche revidierte Städteordnung vom 24. Juni 1858 (Hannoversche Gesetzsamml. S. 141) nicht Anwendung findet:
   der Landrat,
   in den übrigen Städten:
   der Magistrat;
3. in Berlin:
   der Magistrat;
4. in den Hohenzollernschen Landen:
   der Oberamtmann.

II. Bayern.

In den einer Kreisregierung unmittelbar untergeordneten Städten:

die Magistrate,

in den übrigen Distriktsverwaltungsbezirken:

die Bezirksämter.

III. Sachsen.

Die Gemeindeobrigkeiten, zugleich für die in ihrem Bezirke gelegenen exemten Grundstücke.

IV. Württemberg.

Für die Entscheidung über Einsprüche gegen die Wählerlisten:

der Gemeinderat,

im übrigen:

der Oberamtmann, im Stadtbezirke Stuttgart: der Stadtdirektor.

V. Baden.

Die Bezirksräte:

in dringenden Fällen für die Ernennung der Wahlvorsteher und ihrer Stellvertreter und die Bestimmung des Wahlraums:

die Bezirksämter.

VI. Hessen.

Für die Entscheidung über die Einsprüche gegen die Wählerlisten:

der Kreisausschuß,

im übrigen:

die Kreisämter.

VII. Mecklenburg-Schwerin.

Die Ortsobrigkeiten.

VIII. Sachsen-Weimar.

Die Gemeindevorstände.

IX. Mecklenburg-Strelitz.

Für die Abgrenzung der Stimmbezirke und für die Ernennung der Wahlvorsteher und ihrer Stellvertreter:
die Landesregierung in Neustrelitz,
im übrigen:
die Ortsobrigkeiten.

X. Oldenburg.

Für die Abgrenzung der Stimmbezirke:
das Staatsministerium;
für die Entscheidung über Einsprüche gegen die Wählerlisten:
die den Wahlvorstehern zunächst vorgesetzten Behörden;
für die Ernennung der Wahlvorsteher und ihrer Stellvertreter:
das Staatsministerium, Departement des Innern;
für die Bestimmung des Wahlraums:
die Wahlvorsteher.

XI. Braunschweig.

Für die Entscheidung über die Einsprüche gegen die Wählerlisten:
in den Städten:
der Stadtmagistrat,
auf dem Lande:
die Kreisdirektion,
im übrigen:
der Gemeindevorstand beziehungsweise der Wahlvorsteher.

XII. Sachsen-Meiningen.

Für die Bestimmung des Wahlraums:
der Gemeindevorstand,
im übrigen:
in den Städten:
der Magistrat beziehungsweise das Bürgermeisteramt,
auf dem Lande:
der Landrat.

XIII. Sachsen-Altenburg.

Für die Entscheidung über die Einsprüche gegen die Wählerlisten:
in den Städten:
die Stadträte;
auf dem Lande:
die Landratsämter;
für die Bestimmung des Wahllokals:
die Wahlvorsteher;
im übrigen:
das Ministerium, Abteilung des Innern.

XIV. Sachsen-Coburg und Gotha.

Für die Entscheidung über die Einsprüche gegen die Wählerlisten und für die Bestimmung des Wahlraums:
die Wahlkommissarien,
im übrigen:
das Staatsministerium.

XV. Anhalt.

Die Kreisdirektionen.

XVI. Schwarzburg-Rudolstadt.

Für die Ernennung der Wahlvorsteher und ihrer Stellvertreter und für die Bestimmung des Wahlraums:
der Gemeindevorstand,
im übrigen:
das Landratsamt.

XVII. Schwarzburg-Sondershausen.

Für die Abgrenzung der Stimmbezirke:
das Ministerium,
im übrigen:
die Landräte.

XVIII. Waldeck.

Der Kreisamtmann.

XIX. Reuß ä. L.

Für die Abgrenzung der Stimmbezirke:
die Landesregierung,
im übrigen:
das Landratsamt.

XX. Reuß j. L.

Für die Abgrenzung der Stimmbezirke:
das Ministerium;
für die Entscheidung über die Einsprüche gegen die Wählerlisten:
der Gemeindevorstand,
im übrigen:
das Landratsamt.

XXI. Schaumburg-Lippe.

Das Ministerium.

XXII. Lippe.

Die Regierung.

XXIII. Lübeck.

Für die Abgrenzung der Stimmbezirke:
der Senat,
im übrigen:
der Bürgerausschuß.

XXIV. Bremen.

Die Wahldeputation.

XXV. Hamburg.

Die Zentral-Wahlkommission.

Anlage C.

Verhandelt ...., den .... 19...

Zu der auf heute anberaumten Wahl eines Abgeordneten zur verfassunggebenden deutschen Nationalversammlung für den ...ten Wahlkreis

war

Wird in städtischen Stimmbezirken durchstrichen
in dem aus der Ortschaft ....
und ....
bestehenden Stimmbezirke Nr. ....
des Kreises ....
(des Amtes) ....

Wird in ländlichen Stimmbezirken durchstrichen
in dem Stimmbezirke Nr. ....
der Stadt ....
(des Fleckens) ....
(der Gemeinde) ....

der unterzeichnete ....
zum Wahlvorsteher ernannt.

Er hatte aus der Zahl der Wähler zum Schriftführer den

....

....

und zu Beisitzern

1. ....
2. ....
3. ....
4. ....
5. ....
6. ....

ernannt und rechtzeitig eingeladen, beim Beginne der Wahlhandlung zur Bildung des Wahlvorstandes zu erscheinen. Diese hatten sich eingefunden. Der Wahlvorsteher eröffnete die Wahlhandlung um 9 Uhr vormittags damit, daß er sie durch Handschlag an Eides Statt verpflichtete.

An den Tisch, an dem der Wahlvorstand Platz nahm, wurde ein viereckiges Gefäß mit Deckel zum Hineinlegen der Stimmzettel (Wahlurne) gestellt. Der Wahlvorstand stellte fest, daß die Höhe der Wahlurne im Innern gemessen ... Zentimeter, der Abstand jeder Wand von der gegenüberliegenden Wand ... Zentimeter und die Breite des Spaltes im Deckel der Urne ... Zentimeter betrug, und schloß die Wahlurne durch Auflegen des Deckels, nachdem er sich überzeugt hatte, daß sie leer war. Die Wahlurne wurde bis zum Schlusse der Abstimmung nicht wieder geöffnet.

Damit der Wähler unbeobachtet seinen Stimmzettel in den Umschlag zu stecken vermochte, war (Beschreibung der Absonderungsvorrichtung) ....

....

....

Durch den Wahlvorstand war in der Nähe des Zuganges zu de... Nebenraum... — Nebentisch... —[1]) für die Bereithaltung der abgestempelten Umschläge aufgestellt worden ....

....

....

Von den erschienenen Wählern begab sich jeder einzeln, nachdem er einen Umschlag ausgehändigt erhalten hatte — in den Nebenraum — an den Nebentisch[1]). Dort steckte er seinen Stimmzettel unbeobachtet in den Umschlag. Er trat sodann an den Vorstandstisch heran, nannte seinen Namen und auf Erfordern seine Wohnung und übergab den Umschlag mit dem Stimmzettel, sobald der Schriftführer den Namen in der

---

[1]) Das Unzutreffende ist zu durchstreichen.

Wählerliste aufgefunden hatte, dem Wahlvorsteher, der ihn sofort uneröffnet in die Wahlurne legte.

Hierbei mußten von dem Wahlvorsteher zurückgewiesen werden:

Wird durchstrichen, soweit die bezeichneten Fälle nicht vorgekommen sind

1. weil der Wähler den Stimmzettel nicht in einem amtlich gestempelten Umschlag abgeben wollte, ... Stimmzettel,
2. weil der Wähler den Stimmzettel in einem mit einem Kennzeichen versehenen Umschlag abgeben wollte, ... Stimmzettel.

Auch mußten .... Wähler von der Stimmgebung zurückgewiesen werden, weil sie sich trotz erhaltener Aufforderung weigerten — in den Nebenraum — an den Nebentisch — [1]) zu treten, um den Stimmzettel in den Umschlag zu stecken.

Der Schriftführer vermerkte die Stimmabgabe jedes Wählers, indem er neben dessen Namen in der dazu bestimmten Spalte der Wählerliste ein Kreuz machte.

Um 8 Uhr nachmittags erklärte der Wahlvorsteher die Abstimmung für geschlossen.

Die Umschläge wurden aus der Wahlurne genommen und uneröffnet gezählt.

Die Anzahl der Umschläge betrug ....

Wird durchstrichen, wenn die Zahlen nicht übereinstimmen

Sie stimmte mit der Zahl der Wähler, neben deren Namen in der Wählerliste der Abstimmungsvermerk gemacht war, überein.

Wird durchstrichen, wenn die Zahlen übereinstimmen

Sie war um ...... größer (kleiner) als die Zahl der Wähler, neben deren Namen in der Wählerliste der Abstimmungsvermerk gemacht war. Zur Aufklärung dieser Verschiedenheit, welche sich auch bei wiederholter Zählung herausstellte, dient folgendes:

---

[1]) Das Unzutreffende ist zu durchstreichen.

Wird nichtzutreffendenfalls gestrichen

Hierauf wurden die uneröffneten Umschläg von dem Wahlvorsteher in Papier eingeschlagen das Paket versiegelt und in Verwahrung genommen. Der Wahlvorsteher verkündete sodann die Vertagung der Verhandlung auf den folgenden Tag, vormittags .... Uhr.

In öffentlicher Sitzung fortgesetzt am .... 19.., vormittags .. Uhr, in Gegenwart der oben aufgeführten Personen.

Zur Prüfung der Abstimmung wurde als Hilfsarbeiter zugezogen: ....
....

Das die Umschläge enthaltende Paket wurde geöffnet, nachdem die Siegel vom Wahlvorstand unverletzt befunden worden waren.

Hierauf erfolgte die Eröffnung der Umschläge, indem ein Beisitzer die Umschläge einzeln öffnete, die Stimmzettel herausnahm und sie dem Wahlvorsteher übergab, der sie laut vorlas und nebst den Umschlägen einem anderen Beisitzer weiterreichte, der die Stimmzettel nebst Umschlägen, nach Wahlvorschlägen gesondert, bis zum Ende der Wahlhandlung aufbewahrte.

Nach dem Vorlesen wurde hinsichtlich jedes gültigen Stimmzettels festgestellt, für welchen Wahlvorschlag er abgegeben worden war. Jeder derartige Stimmzettel wurde dem Wahlvorschlage zugezählt, von dem er mindestens einen Namen enthielt. Der Schriftführer machte hierüber im Protokoll bei dem betreffenden Wahlvorschlag einen Vermerk und zählte die Stimmen laut.

In gleicher Weise führte der Beisitzer .... eine Gegenliste, die ebenso wie die Wählerliste beim Schlusse der Verhandlung von dem Wahlvorstand unterschrieben und dem Protokoll beigefügt wurde.

Durch Beschluß des Wahlvorstandes wurden für ungültig erklärt:

1. weil die Stimmzettel nicht in einem amtlich abgestempelten Umschlag übergeben worden waren,
die Stimmzettel Nr. .....
2. weil die Stimmzettel in einem mit einem Kennzeichen versehenen Umschlag übergeben worden waren,
die Stimmzettel Nr. .....
3. weil die Stimmzettel nicht von weißem Papier waren,
die Stimmzettel Nr. .....
4. weil die Stimmzettel mit einem Kennzeichen versehen waren,
die Stimmzettel Nr. .....
5. weil die Stimmzettel keinen oder keinen lesbaren Namen enthielten,
die Stimmzettel Nr. .....
6. weil aus den Stimmzetteln nicht die Person mindestens eines Gewählten unzweifelhaft zu erkennen war,
die Stimmzettel Nr. .....
7. weil die Stimmzettel eine Verwahrung oder einen Vorbehalt gegenüber allen Gewählten enthielten,
die Stimmzettel Nr. .....
8. weil die Namen auf den Stimmzetteln verschiedenen Wahlvorschlägen entnommen waren,
die Stimmzettel Nr. .....
9. weil keiner der Namen auf den Stimmzetteln einem der öffentlich bekanntgegebenen Wahlvorschläge entnommen war,
die Stimmzettel Nr. .....

Außer Berücksichtigung mußten .... Umschläge gelassen werden, in denen mehrere auf verschiedene Personen lautende Stimmzettel enthalten waren, nämlich die Umschläge Nr. ...[1]).

Mehrere gleichlautende Stimmzettel fanden sich in den Umschlägen Nr. .... und wurden je als ein Stimmzettel gezählt[1]).

---

[1]) Das Unzutreffende ist zu durchstreichen.

Keine Stimmzettel fanden sich in den Umschlägen Nr. ...[1]).

Dagegen wurden die nachbezeichneten Stimmzettel, hinsichtlich deren sich die nachstehenden Bedenken ergeben hatten, aus folgenden Gründen durch Beschluß des Wahlvorstandes für gültig erklärt:

1. Stimmzettel Nr. ....
....

2. Stimmzettel Nr. ....
....

Die sämtlichen vorbezeichneten Stimmzettel und Umschläge, hinsichtlich deren es einer Beschlußfassung des Wahlvorstandes bedurft hatte, wurden mit fortlaufenden, den vorstehend angegebenen entsprechenden Nummern versehen und dem Protokoll beigefügt.

Die Zahl der Stimmzettel betrug ....

Ungültige Stimmzettel sowie außer Berücksichtigung gelassene Umschläge waren vorhanden ....

Die Zahl der gültigen Stimmzettel betrug ....

Es haben erhalten:

Beispielsweise Angabe, die zu durchstreichen ist: (Wahlvorschlag 1, 2, 3, 4, 5, 6, 7, 8, 9, 10, 11, 12, 13, 14, 15, 16, 17, 18, 19, 20, 21, 22, 23, 24, 25, 26, 27, 28, 29, 30, 31,
zusammen 31 Stimmen).

1. Wahlvorschlag ....
zusammen .... Stimmen

2. Wahlvorschlag ....
zusammen .... Stimmen

3. Wahlvorschlag ....
zusammen .... Stimmen

4. Wahlvorschlag ....
zusammen .... Stimmen

[1]) Das Unzutreffende ist zu durchstreichen.

5. Wahlvorschlag ....
zusammen .... Stimmen
6. Wahlvorschlag ....
zusammen .... Stimmen

Im ganzen wie oben .... Stimmen

Nachdem der Wahlvorsteher dieses Ergebnis verkündet hatte, versiegelte er alle Stimmzettel und Umschläge, die nicht dem Protokoll beigefügt sind, und nahm sie in Verwahrung.

Die nicht zur Verwendung gelangten Umschläge (... Stück) sind wieder angeschlossen.

Zu keiner Zeit der Wahlhandlung waren weniger als drei Mitglieder des Wahlvorstandes gegenwärtig oder der Wahlvorsteher und der Protokollführer gleichzeitig abwesend.

Gegenwärtige Verhandlung wurde vorgelesen, von dem Wahlvorsteher, den Beisitzern und dem Schriftführer genehmigt und wie folgt vollzogen.

Der Wahlvorsteher **Die Beisitzer** **Der Schriftführer**

Anlage D.

Verhandelt ...., den .... 19..

I.

Zur Ermittlung des Wahlergebnisses in dem ...ten Wahlkreis hat der Wahlkommissar auf den .... 19.. folgende Wähler:

....

....

....

....

....

aus dem Wahlkreis zum Wahlausschusse zusammenberufen.

Tag, Stunde und Ort der Verhandlung waren öffentlich bekanntgemacht worden.

Es waren

als Schriftführer ....

als Hilfsarbeiter ....

zugezogen.

Die Beisitzer und der Schriftführer wurden durch Handschlag an Eides Statt von dem Wahlkommissar verpflichtet.

II.

Es wurden die Protokolle für die Wahlen in den einzelnen Stimmbezirken durchgesehen. Für jeden einzelnen Stimmbezirk wurde die Zahl der Wähler, der ungültigen und gültigen Stimmen sowie der auf die einzelnen Wahlvorschläge entfallenen gültigen Stimmen in den dem Protokoll beigefügten Zählbogen eingetragen und zusammengerechnet. Der Zählbogen wurde vom Wahlkommissar, den Beisitzern und dem Schriftführer unterschrieben.

Die Feststellungen der Wahlvorstände haben zu keinem[1]) / folgenden[1]) Bedenken Anlaß gegeben:

....

....

....

....

....

Nach den Zusammenrechnungen auf dem Zählbogen sind abgegeben worden:

für Wahlvorschlag	....	....	....	....	....	....	....
Stimmen . . .	....	....	....	....	....	....	....

III. Verteilung der Abgeordnetensitze auf die Wahlvorschläge.

Nach den öffentlich bekanntgemachten Wahlvorschlägen sind
die Wahlvorschläge ....
die Wahlvorschläge ....
die Wahlvorschläge ....
miteinander zu einer Gruppe verbunden, so daß sie den anderen Wahlvorschlägen gegenüber für diese Verteilung als ein Wahlvorschlag gelten.

Es wurden die Gesamtstimmenzahlen der verbundenen und der nichtverbundenen Wahlvorschläge nacheinander durch 1, 2, 3, 4 usw. geteilt, bis von den sich hierbei ergebenden Teilzahlen so viele Höchstzahlen der Größe nach ausgesondert werden konnten, wie Abgeordnete zu wählen sind. Hiernach ergab sich folgende Verteilung:

---

[1]) Das Unzutreffende ist zu durchstreichen.

Geteilt durch	Wahlvorschlag	Wahlvorschlag	Wahlvorschlag	Die verbundenen Wahlvorschläge	Die verbundenen Wahlvorschläge	Die verbundenen Wahlvorschläge ....
1						
2						
3						
4 usw.						

Entsprechend den sich ergebenden Höchstzahlen, die durch Unterstreichen kenntlich gemacht sind, entfielen auf

Wahlvorschlag .... Sitz..
Wahlvorschlag .... Sitz..
Wahlvorschlag .... Sitz..
Wahlvorschlag .... Sitz..

auf die verbundenen Wahlvorschläge:

.... Sitz..
.... Sitz..
.... Sitz..

IV. Unterverteilung auf die verbundenen Wahlvorschläge.

Bei der weiteren Verteilung innerhalb der auf die verbundenen Wahlvorschläge .... entfallenen ...... Sitze wurde in der gleichen Weise folgende Verteilungsrechnung vorgenommen:

Geteilt durch	Wahlvorschlag	Wahlvorschlag	Wahlvorschlag	Wahlvorschlag ....
1				
2				
3				
4				

usw.

Entsprechend den sich ergebenden Höchstzahlen, die durch Unterstreichen kenntlich gemacht sind, entfielen auf

Wahlvorschlag .... Sitz..
Wahlvorschlag .... Sitz..
Wahlvorschlag .... Sitz..
Wahlvorschlag .... Sitz..

V. Feststellung der Gewählten.

Nach der Reihenfolge der Benennungen auf den Wahlvorschlägen sind hiernach gewählt:

Vom Wahlvorschlag .... 1.
2.
3.
4.

Vom Wahlvorschlag .... 1.
2.
3.
4.

Vom Wahlvorschlag .... 1.
2.
3.
4.
usw.

VI. Verkündung des Wahlergebnisses.

Der Wahlkommissar verkündete:

1. die Zahlen der auf die einzelnen Wahlvorschläge entfallenen gültigen Stimmen,
2. die Namen der Gewählten.

Während der ganzen Verhandlung stand der Raum, in dem die Versammlung stattfand, dem Zutritt der Wahlberechtigten offen.

Gegenwärtige Verhandlung wurde vorgelesen, von dem Wahlkommissar, den Beisitzern, und dem Schriftführer genehmigt und wie folgt vollzogen.

Der Wahlkommissar **Die Beisitzer** **Der Schriftführer**

Zählbogen.

Stimmbezirk	Zahl der Wähler	Zahl der ungültigen Stimmzettel	Zahl der gültigen Stimmzettel	Zahl der für den Wahlvorschlag ..... abgegebenen gültigen Stimmzettel				
				.....	.....	.....	.....	.....
1								
2								
3								
4								
5								
6								
7 usw.								
	Summe	Summe	Summe	Summe	Summe	Summe	Summe	Summe .....

Der Wahlkommissar **Die Beisitzer** **Der Schriftführer**

Sachregister.

I bedeutet Reichswahlgesetz, II Wahlordnung, die arabischen Zahlen bezeichnen die Paragraphen.

W.

Z.

Druck von A. W. Hayn's Erben, Potsdam.

Guttentagsche Sammlung

Deutscher Reichsgesetze.

Text-Ausgaben mit Anmerkungen. Taschenformat.

Nr. 1. **Verfassung des Deutschen Reichs.** Von Dr **L. von Rönne. 10. Aufl.** von Landrat **P. v. Rönne** und Reg.Assessor **v. Dobbeler. — 1912.** 3,— *M*

Nr. 2. **Strafgesetzbuch** für das Deutsche Reich nebst 20 der wichtigsten strafrechtl. Nebengesetze. Von Prof. Dr **Fr. v. Liszt** und Prof. Dr **E. Delaquis. 24. Aufl. — 1914.** 3,40 *M*

Nr. 3. **Militärstrafgerichtsordnung** nebst Einführungsgesetz. Von Wirkl. Geh. Kriegsrat Dr **A. Romen** und Kriegsgerichtsrat Dr **C. Rissom. — 1918. 2. Aufl.** 17,50 *M*

Feldausgabe in 2 Bänden gebunden 18,50 *M*

Nr. 4. **Handelsgesetzbuch vom 10. Mai 1897** unter Ausschluß des Seerechts. **15. Aufl.** Herausgegeben von Geh. J.Rat Prof. Dr **A. Mosse. 8°. — 1915.** 6,50 *M*

Nr. 5. **Wechselordnung vom 3. Juni 1908.** Kommentar von Justizrat Dr **J. Stranz** und Rechtsanwalt Dr **M. Stranz,** und das **Wechselstempelgesetz vom 15. Juli 1909** von Geh. Reg.Rat **P. Loeck. 11. Aufl. — 1913.** 4,50 *M*

Nr. **5a. Wechselstempelgesetz** apart. **11. Aufl. — 1913.** 1,80 *M*

Nr. 6. **Reichsgewerbeordnung** nebst Ausführungsbestimmungen. **19. Aufl.** von Stadtrat Dr **K. Flesch,** Dr **Fr. Hiller** und Dr **H. Luppe. — 1915.** 5,50 *M*

Nr. 7. **Post- und Telegraphen-Gesetzgebung.** Nebst Weltpostvertrag und Internationalem Telegraphenvertrag. **6. Aufl.** von Geh. Ob.Postrat Dr **M. König. — 1908.** 4,50 *M*

Nr. 8. Die Reichsgesetze über den **Unterstützungswohnsitz, Freizügigkeit, Reichs- und Staatsangehörigkeit.** Von Geh.Rat Dr **J. Krech. 8. Aufl. — 1913.** 4,— *M*

Nr. **9.** Sammlung **kleinerer strafrechtlicher Reichsgesetze.** Von Prof. Dr **R. H. Kriegsmann. 3. Aufl. — 1910.** 4,50 *M*

Nr. **10.** Das **Reichsbeamtengesetz** vom 31. März 1873. Von **J. Pieper. — 2. Aufl. 1901.** 5,— *M*
Reichsbeamtengesetz von **1907**, siehe Nr. **82.**

Nr. **11. Zivilprozeßordnung mit Gerichtsverfassungsgesetz.** Von **R. Sydow.** Fortgeführt von Reichs-G.Rat **L. Busch. 14. Aufl.** mit Nachtrag, Novellen vom 9. Sept. 1915 u. 18. Mai 1916. **8°. — 1913.** 9,— *M*

Nr. **12. Strafprozeßordnung und Gerichtsverfassungsgesetz** nebst den Gesetzen, betr. die Entschädigung der im Wiederaufnahmeverfahren freigesprochenen Personen und die Entschädigung für unschuldig erlittene Untersuchungshaft. Von Reichs-G.Rat Dr **A. Hellweg. 17. Aufl.,** bearbeitet von Prof. Dr **Kohlrausch. — 1918.** 5,50 *M*

Nr. **13. Konkursordnung und Anfechtungsgesetz.** Von **R. Sydow.** Fortgeführt von **L. Busch. 12. Aufl. — 1916.** 4,20 *M*

Nr. **14. Gerichtsverfassungsgesetz** mit Einführungsgesetz. Herausgegeben von **R. Sydow.** Fortgeführt von **L. Busch. 9. Aufl. — 1905.** 1,80 *M*

Nr. **15. Das Deutsche Gerichtskostengesetz** nebst den Gebührenordnungen für Gerichtsvollzieher, Zeugen und Sachverständige. Von **R. Sydow.** Bearbeitet von **L.** und **A. Busch. 9. Aufl.** mit Nachtrag, enth. die Novelle vom **10. Juni 1914. 1912.** 3,— *M*

Nr. **16. Rechtsanwaltsordnung.** Von **R. Sydow. 5. Aufl.** von Justizrat **M. Jacobsohn.** Mit Nachtrag, enth. die Bestimmungen vom **22.** Mai 1910. — **1907.** 1,50 *M*

Nr. **17.** Die **Deutsche Gebührenordnung für Rechtsanwälte und das Preußische Gebührengesetz** vom 27. IX. / 6. X. 1899.

Von **R. Sydow.** Fortgeführt von **L.** und **A. Busch. 11. Aufl.** Mit Nachtrag, enth. die Bestimmungen vom 8. Nov. 1916. — **1914.** 8,40 *M*

Nr. **18. Reichsstempelgesetz** vom 3. Juli 1913. (Börsen-, Lotterie-, Frachturkunden-, Fahrkarten-, Kraftfahrzeug-, Tantieme-, Scheck- und Grundstücksübertragungssteuer.) Mit den gesamten Ausführungsbestimmungen. Von Geh. Reg.-Rat **P. Loeck. 1914. 8°.** 10,— *M*

Neue Auflage unter Berücksichtigung der Abänderungsbestimmung von 1918 in Vorbereitung.

Nr. **19. Die Seegesetzgebung.** Von Dr **W. E. Knitschky. 5. Aufl.** bearbeitet von Ober-L.G.Rat **O. Rudorff. — 1913.** 8,50 *M*

Nr. **20. Krankenversicherungsgesetz (1883).** Von weil. Dr **E. von Woedtke.** — Neue Fassung **(1911)**, siehe **Nr. 107.**

Nr. **21.** Die **Konsulargesetzgebung.** Von Prof. Dr **Ph. Zorn. 3. Aufl.** von Dr **K. Zorn. — 1911.** 5,— *M*

Nr. **22. Patentgesetz.** Nebst Ausführungsbestimmungen, völkerrechtlichen Verträgen und der Patentanwalts-Ordnung. **7. Aufl.** bearbeitet von **R. Lutter,** Geh. Reg.Rat im Kaiserl. Patentamt. — **1908.** 3,20 *M*

(**Kriegsvorschriften auf dem Gebiete des gewerblichen Rechtsschutzes.** Von **R. Lutter. — 1917.** 8°. 2,50 *M*.)

Nr. **23. Gewerbe-Unfallversicherungsgesetz. (1884.)** Von weil. Dr **E. v. Woedtke.** — Neue Fassung **(1911)**, siehe **Nr. 108.**

Nr. **24. Aktiengesellschaft und Kommanditgesellschaften auf Aktien.** Von Dr **H. Keyßner** und Dr **H. Veit Simon. 6. Aufl.** von Amtsrichter **L. Keyßner. — 1911.** 8,40 *M*

Nr. **25. Brausteuergesetz** vom 15. Juli 1909. Von Oberzollrevisor **A. Düffe. 2. Aufl. — 1910.** 3,40 *M*

Nr. **26.** Die Reichsgesetzgebung über **Münz- und Notenbankwesen,** Papiergeld, Prämienpapiere und Reichsschulden. Von Dr **R. Koch. 6. Aufl. — 1910.** 4,50 *M*

Nr. **27. Gesundheitswesen im Deutschen Reich.** Von Dr jur. **E. Goesch** und Dr med. **J. Karsten.** — **1888.** 2,— *M*

Nr. 28. Bau-Unfallversicherungsgesetz. Vom 30. Juni 1900. Von **R. Chrzescinski.** Neue Fassung **(1911)**, siehe Nr. **108.**

Nr. **29. Erwerbs- und Wirtschaftsgenossenschaften.** Von **L. Parisius** und Dr **H. Crüger. 15. neu bearbeitete Aufl.** von Dr **H. Crüger.** — **1916.** 3,— *M*

Nr. **30. Invalidenversicherungsgesetz** (1899). Von weil. Dr **E. v. Woedtke.** Neue Fassung **(1911)**, siehe Nr. **109.**

Nr. **31. Gewerbegerichtsgesetz.** Von Stadtrat **L. Mugdan. 7. Aufl.** bearbeitet von Oberbürgermeister **W. Cuno.** — **1911.** 2,80 *M*

Nr. **32.** Reichsgesetz, betr. die **Gesellschaften mit beschränkter Haftung.** Von **L. Parisius** und Dr **H. Crüger. 13. Aufl.** von Dr **H. Crüger.** — **1914.** 2,40 *M*

Nr. **33. Vereins- und Versammlungsrecht.** Von Dr **E. Ball. 2. Aufl.** von Dr **F. Friedenthal.** — **1907.** 2,80 *M*

Reichs-Vereinsgesetz vom 19. April 1908, siehe Nr. **88.**

Nr. **34.** Die **Abzahlungsgeschäfte.** Gesetz vom 16. Mai **1894. 3. Aufl.** von Land-G.Rat Dr **E. Wilke.** — **1910.** 1,60 *M*

Nr. **35.** Die **Reichs-Eisenbahngesetzgebung.** Von Kaiserl. Amtsrichter **W. Coermann.** — **1895.** 2,60 *M*. S. auch Nr. **66.**

Nr. **36.** Gesetze, betr. die **privatrechtlichen Verhältnisse der Binnenschiffahrt und der Flößerei.** Von Geh. J.Rat **E. Löwe. 5. Aufl.** — **1915.** 4,— *M*

Nr. **37.** Gesetz gegen den **unlauteren Wettbewerb.** Von Justizrat **A. Pinner. 6. Aufl.** — **1912.** 1,80 *M*

Nr. **38/39. Bürgerliches Gesetzbuch nebst Einführungsgesetz** von Dr **A. Achilles.** In Verbindung mit Prof. Dr **André,** Kammer-G.Rat **Ritgen,** Reichs-G.Rat Dr **Strecker,** Staatsrat Dr **v. Unzner.** Herausgegeben von Wirkl. Geh. Ob.J.Rat u. Ober-L.G.Präsident **Greiff. 8.** vermehrte **Aufl. 8°. — 1916.** 10,— *M*

Nr. **40.** Gesetz, betr. die **Pflichten der Kaufleute bei Aufbewahrung fremder Wertpapiere [Depotgesetz].** Von Min.-Dir. **F. Lusensky. 3. Aufl. — 1916.** 2,50 *M*

Nr. **41. Börsengesetz.** Von Wirkl. Geh.Ob.Reg.Rat **Th. Hemptenmacher. 3. Aufl.** von Syndikus **O. Meyer. — 1915.** 4,— *M*

Nr. **42. Grundbuchordnung** nebst den preuß. Ausf.-Bestimmungen. Von Prof. Dr **O. Fischer. 6. Aufl.** mit Nachtrag, enth. die Ergänzungen. **— 1913.** 2,25 *M*

Nr. **43. Zwangsvollstreckung in das unbewegliche Vermögen** im Reiche und in Preußen. Kosten- und Gebührentabellen. Von Dr **J. Krech** u. Dr **O. Fischer. 8. Aufl.** bearbeitet von Prof. Dr **O. Fischer. — 1916.** 3,— *M*

Nr. **44.** Das Reichsgesetz über das **Auswanderungswesen.** Von Prof. Dr **F. Stoerk. — 1899.** 2,50 *M*

Nr. **45.** Das **Entmündigungsrecht** mit den für Preußen geltenden Vorschriften nebst Just.-Min.-Verfügung vom 28. Nov. 1899. Von Land-G.Rat Dr **P. Koll. — 1900.** 1,80 *M*

Nr. **46.** Die Gesetze des Reiches und Preußens über die **freiwillige Gerichtsbarkeit.** Von Amts-G.Rat **H. Jastrow. 5. Aufl. — 1911.** 4,— *M*
Vergriffen! — Neue Auflage in Vorbereitung.

Nr. **47.** Das **deutsche Vormundschaftsrecht** und das preuß. Gesetz über die Fürsorgeerziehung Minderjähriger nebst den dazu gehörigen preuß. Nebengesetzen. Von Ober-Verw.G.Rat **M. Schultzenstein** u. Amts-G.Rat Dr **P. Köhne. 2. Aufl. — 1901.** 3,40 *M*

Nr. **48.** Gesetze, betr. den **Drogen-, Gift- und Farbenhandel** außerhalb der Apotheken. Von Dr **J. Broh.** — **1899.** 1,50 *M*

Nr. **49.** Deutsche **Kolonialgesetzgebung.** Von Geh. J.Rat Prof. Dr **Ph. Zorn. 2. Aufl.** von G.Assessor Dr **Sassen.** — **1913.** 8,— *M*

Nr. **50.** Der **Viehkauf [Viehgewährschaft] nach dem BGB.** Verordnung betr. die Hauptmängel und Gewährsfristen beim Viehhandel. Von Rechtsanwalt Dr **H. Stölzle** und Königl. Reg.- u. Vet.Rat **H. Weiskopf. 5. Aufl.** — **1913.** 6,50 *M*

Nr. **51. Hypothekenbankgesetz** vom 13. Juli 1899. Von Dr **H. Göppert. 2. Aufl.** bearbeitet von Geh. Reg.Rat Dr **Seidel. 1911.** — 2,60 *M*

Nr. **52.** Gesetz, betr. die gemeinsamen **Rechte der Besitzer von Schuldverschreibungen.** Von Dr **H. Göppert. 2. Aufl.** bearbeitet von Amtsrichter Dr **E. Trendelenburg.** — **1915.** 2,— *M*

Nr. **53. Reichspreßgesetz** vom 7. Mai 1874. Mit Kommentar von Bürgermeister **A. Born. 2. Aufl.** — **1911.** 2,40 *M*

Nr. **54.** Die Reichsgesetzgebung über den Verkehr mit **Nahrungsmitteln, Genußmitteln** und **Gebrauchsgegenständen.** Von Dr **G. Lebbin,** Nahrungsmittelchemiker in Berlin. — **1900.** 2,50 *M*

Nr. **55.** Das Recht der **Beschlagnahme von Lohn- und Gehaltsforderungen.** Von Justizrat **G. Meyer. 5. Aufl.** — **1914.** 3,— *M*

Nr. **56.** Gesetz, betr. die **Bekämpfung gemeingefährlicher Krankheiten.** Nebst Ausf.-Bestimmungen. Von Reg.Rat Dr **B. Burkhardt.** — **1900.** 1,60 *M*

Nr. **57. See-Unfallversicherungsgesetz (1887).** Von Ober-L.G.Rat Dr **M. Mittelstein.** — Neue Fassung **1911,** siehe Nr. **108.**

Nr. **58. Das Recht der unehelichen Kinder nach dem BGB.** Von Amtsgerichtsrat. **H. Jastrow. — 1901.** 2,— *M*

Nr. **59.** Reichsgesetz über die **Beurkundung des Personenstandes und die Eheschließung.** Von Amts-G.Rat Dr **F. Fidler. 2. Aufl. — 1912.** 2,80 *M*

Nr. **60.** Gesetz, betr. das **Urheberrecht an Werken der Literatur und der Tonkunst.** Von Geh. Ob.J.Rat **O. Lindemann. 3. Aufl. — 1910.** 1,80 *M*

Nr. **61.** Gesetz über das **Verlagsrecht.** Von Rechtsanwalt Dr **B. Marwitz. 2. Aufl. — 1911.** 2,— *M*

Nr. **62. Gesetz** über **private Versicherungsunternehmungen.** Von Reichs-G.Rat **H. Könige. 2. Aufl. — 1910.** 4,50 *M*

Nr. **63. Gesetzestafel des Deutschen Reichsrechts.** Systematisch geordnete Nachweisung des z. Z. geltenden Reichsrechts. Von **H. Bruhns. 2. Aufl. — 1913.** 4,— *M*

Nr. **64.** Gesetzsammlung betr. den **Handel mit Drogen und Giften.** Mit Anhang: landesgesetzliche Verordnungen sämtlicher Bundesstaaten. Von Rechtsanwalt **H. Sonnenfeld,** Syndikus der Berliner Drogisten-Innung. **2. Aufl. — 1912.** 4,50 *M*

Nr. **65.** Das **Weingesetz** in der Fassung von 1909. Mit Ausf.-Bestimmungen von Dr **G. Lebbin,** Nahrungsmittelchemiker. **2. Aufl. — 1909.** 2,80 *M*

Nr. **66.** Die **Eisenbahn-Gesetzgebung.** Von **W. Pietsch,** Rechn.Rat im Reichseisenbahnamt. **2. Aufl. — 1913.** 4,— *M*

Nr. **67. Militär-Strafgesetzbuch für das Deutsche Reich.** Von Wirkl. Geh. Kriegsrat Dr **A. Romen** und Kriegsgerichtsrat Dr **C. Rissom. 3. Aufl. — 1918.** 15,— *M*
— — Feldausgabe in 2 Bänden, gebunden 16,— *M*

Nr. **68.** Das **Fleischbeschaugesetz.** Vom 3. Juni 1900. Von Dr **G. Lebbin** u. Dr **G. Baum. — 1903.** 4,50 *M*

Nr. **69.** Reichsgesetz über die **Naturalleistungen der bewaffneten Macht im Frieden** nebst den preußischen Bestimmungen. Von Dr **W. v. Hippel. — 1903.** 1,60 *M*

Nr. **70.** Das **Reichs-Haftpflichtgesetz** vom 7. Juni 1871. Von Reg.Rat Dr **G. Eger. — 1903** Vergriffen.

Nr. **71.** Gesetz betr. **Kinderarbeit in gewerblichen Betrieben** vom 30. März 1903. Von Ober-Verw.G.Rat **H. Spangenberg. 2. Aufl. — 1904.** 1,80 *M*

Nr. **72. Unfallversicherungsgesetz für Land- und Forstwirtschaft.** (1886). Von weil. Dr **E. v. Woedtke.** Siehe Nr. **108.**

Nr. **73. Entschädigung für unschuldig erlittene Verhaftung und Bestrafung.** Anhang: Nebengesetze über Schadensersatz. Von Wirkl. Geh. Kriegsrat Dr **A. Romen. — 1904.** 2,40 *M*

Nr. **74.** Die **Kaufmannsgerichte** nebst Ausf.-Bestimmungen. Von Prof. Dr **M. Apt. 3. Aufl. — 1904.** 2,40 *M*
Siehe auch Nr. **112.**

Nr. **75.** Reichsgesetz über die **Konsulargerichtsbarkeit. Von** Rechtsanwalt Dr **A. F. Vorwerk,** Schanghei. **2. Ausgabe,** mit den Schutzgebietsgesetzen. — **1908.** 2,40 *M*

Nr. **76. Die Rechtshilfe im Verkehr mit den ordentlichen Gerichten** nach deutschem Reichsrecht. Von Landrichter Dr **A. Friedländer. — 1906.** 2,— *M*

Nr. **77. Das Reichserbschaftssteuergesetz.** Vom 3. Juni 1906. Von **U. Hoffmann. 3. Aufl.** von **B. Henckel** in Vorbereitung.

Nr. **78. Zigarettensteuergesetz.** Vom 3. Juni 1906. **Von** Reg.Assessor Dr **Cuno.**

Nr. **79. Die Militärpensionsgesetze** vom 31. Mai 1906 **nebst** Ausf.-Bestimmungen. Zum Gebrauch für **Heer, Marine**

und Schutztruppe von Wirkl. Geh. Kriegsrat Dr **A. Romen**
a) I. Teil: **Offizierpensionsgesetz. — 1907.** 3,80 ℳ
b) II. Teil: **Mannschaftsversorgungsgesetz** mit Nachtrag, enth. **Kapitalabfindungsgesetz** vom 3. Juli 1916. — **1908.** 3,80 ℳ

Nr. **80.** Reichsgesetzgebung über **gerichtliche Registerführung.** Von Geh. Ob.J.Rat **O. Lindemann. — 1906.** 3,40 ℳ

Nr. **81. Urheberrecht an Werken der bildenden Künste und der Photographie.** Von Rechtsanwalt Dr **L. Fuld. — 1907.** 1,25 ℳ

Nr. **82. Reichsbeamtengesetz** vom 18. Mai 1907 mit Ergänzungen von Geh.Rat Prof. Dr **A. Arndt. — 1908.** 3,40 ℳ

Nr. **83.** Reichsgesetz über den **Versicherungsvertrag** nebst Einführungsgesetz. Von Dr **P. Hager** und Dr **E. Bruck. 3. verm. u. verb. Aufl. — 1913.** 6,50 ℳ

Nr. **84. Sammlung kleinerer privatrechtlicher Reichsgesetze.** Von Ober-L.G.Rat **G. Müller. — 1908.** 7,— ℳ

Nr. **85. Scheckgesetz.** Von Prof. Dr **M. Apt.** Vergriffen. Siehe Nr. **113.**

Nr. **86. Die Auslieferungsverträge des Deutschen Reiches.** Von Landrichter Dr **A. Cohn. — 1908.** 4,50 ℳ

Nr. **87.** Gesetz zum **Schutz der Warenbezeichnungen.** Von Geh. Reg.Rat, Mitgl. des Kaiserl. Patentamts Dr **Freund** und Rechtsanwalt **Magnus. 5. Aufl. — 1909.** 4,— ℳ

Nr. **88. Vereinsgesetz** vom 19. April 1908. Von Wirkl. Geh. Kriegsrat Dr **A. Romen.** Mit den **neuen Bestimmungen über Jugendliche und Gewerkschaften. 4. Aufl. — 1916.** 3,50 ℳ

Nr. **89. Vogelschutzgesetz** vom 30. Mai 1908 nebst den das Flugwild betr. Bestimmungen der Preuß. Jagdordnung. Von Dr **L. v. Boxberger. — 1909.** 1,25 ℳ

Nr. **90.** Die Haager Abkommen über das **Internationale Privatrecht.** Von Dr **G. Bogeng. — 1908.** 2,50 *M*

Nr. **91. Eisenbahn-Verkehrsordnung** mit Ausf.-Bestimmungen. Von Reg.Rat Dr **E. Blume. — 1909.** 2,80 *M*

Nr. **92.** Gesetz, betr. den **Verkehr mit Kraftfahrzeugen.** Von Amts-G.Rat **R. Kirchner. 3. Aufl. — 1915.** 4,50 *M*

Nr. **93.** Gesetz über die **Sicherung der Bauforderungen.** Von Justizrat Dr **E. Harnier. 3. Aufl. — 1912.** 1,80 *M*

Nr. **94. Haftpflicht der Reichs- und Staatsbeamten** von Dr **H. Delius. 2. Aufl.,** mit dem Gesetz über Haftung des Reichs für Beamte vom 22. Mai 1909. **— 1909.** 3,80 *M*

Nr. **95.** Die Berner Übereinkunft über **Internationales Urheberrecht.** Von Geh.Rat Dr **H. Dungs. — 1910.** 1,25 *M*

Nr. **96. Branntweinsteuergesetz** vom 15. Juli 1909 mit den für das Reich erlassenen Ausf.-Bestimmungen und Kriegsverordnungen. **2. Aufl.,** bearbeitet von Reg.-Assessor Dr **K. Kniebe,** Hilfsarbeiter im Reichsamt d. Innern. **— 1916.** 4,— *M*

Nr. **97. Schutzgebietsgesetz** nebst V.O. betr. die Rechtsverhältnisse in den Schutzgebieten, dem G. über die Konsulargerichtsbarkeit sowie den Ausf.-Bestimmungen. Von **J. Gerstmeyer,** Wirkl. Legationsrat und vortr. Rat im Reichskolonialamt. **— 1910.** 3,40 *M*

Nr. **98. Sechs Haager Abkommen** über **Internationales Privatrecht.** Von Geh. Ob.Reg.Rat Dr **H. Dungs. — 1910.** 1,80 *M*

Nr. **99. Die Abkommen der Haager Friedenskonferenz.** Von Dr **H. Wehberg. — 1910.** 3,40 *M*

Nr. **100.** Gesetz über den **Absatz von Kalisalzen.** Von Geh. Bergrat **E. Boelkel. — 1910.** 2,60 *M*

Nr. **101. Zuwachssteuergesetz** vom 14. Februar 1911. Von Geh. Reg.Rat Dr **W. Cuno.** — **1911.** 4,— M

Nr. **102. Urheberrecht an Mustern und Modellen** und Ges. betr. Schutz von **Gebrauchsmustern.** Von Reg.Rat **J. Neuberg,** Mitgl. d. Kaiserl. Patentamts. — **1911.** 2,60 M

Nr. **103. Reichs-Viehseuchengesetz** vom 26. Juni 1909 nebst Ausführungsvorschriften u. dem preuß. Ausführungsgesetz. Von Landrat Dr **W. v. Hippel. 2. Aufl.** — **1912.** 5,— M

Nr. **104. Versicherungsgesetz für Angestellte.** Von Rechtsanwalt **O. Bernstein** u. Dr **J. Kupferberg. 2. Aufl.** — **1912.** 3,80 M

Nr. **105. Das Geldwesen in den deutschen Schutzgebieten.** Von **W. Hintze,** Geh. Sekr. im Reichskolonialamt. — **1912.** 2,25 M

Nr. **106—109. Reichs-Versicherungsordnung nebst Einführungsgesetz.** Herausgegeben unter Mitwirkung von Dr **F. Caspar,** Wirkl. Geh. Rat, Direktor im Reichsamt d. Innern und **A. Spielhagen,** Geh. Ob.Reg.Rat, vortr. Rat im Reichsamt d. Innern. **4 Bände.**

Nr. **106.** I., V. u. VI. Buch. **Gemeinsame Vorschriften. — Beziehungen der Versicherungsträger zu einander und zu anderen Verpflichteten. — Verfahren.** Von Dr **K. Lippmann,** Reg.Rat im Reichs-Vers.Amt, Geh. Reg.Rat Dr **L. Laß** und Geh. Reg.Rat **H. Siefart.** — **1913.** 6,50 M

Nr. **107.** II. Buch. **Krankenversicherung.** Von Geh.Reg.Rat **H. Siefart** u. Reg.Rat Dr **F. Sitzler.** — **1916.** 7,50 M

Nr. **108.** III. Buch. **Unfallversicherung.** Von **A. Radtke,** Geh. Reg.Rat im R.Vers.Amt. — **1913.** 8,50 M

Nr. **109.** IV. Buch. **Invaliden- und Hinterbliebenenversicherung.** Von Geh. Ob.Reg.Rat **B. Jaup,** vortr. Rat im Reichsamt d. Innern, und **H. Follmann,** Geh. Reg.Rat im R.Vers.Amt. — **1912.** Mit Nachtrag. 1914—1916. 4,50 M

Nr. **110. Wehrbeitragsgesetz** mit Ausf.-Bestimmungen. Von Wirkl.Geh.Ob.Fin.Rat **A. Fernow. 2. Aufl.** — **1913.** 2,25 M

Nr. **111. Reichs- und Staatsangehörigkeitsgesetz.** Von Wirkl. Geh. Kriegsrat Dr **A. Romen.** — **1913.** 2,50 M

Nr. **112. Kaufmannsgerichtsgesetz** mit Best. des Gewerbegerichtsgesetzes. Von Dr **H. Depène,** Vors. des Kaufmannsgerichts zu Berlin. — **1914.** 2,80 ℳ

Nr. **113. Postscheckgesetz.** Von Oberpostinspektor **J. Weiland.** — **1914.** Mit Nachtrag **1918.** 1,80 ℳ

Nr. **113 a. Postscheckordnung** mit Ausf.-Bestimmungen. Von **J. Weiland.** — **1914.** Mit Nachtrag **1918.** 1,80 ℳ

Nr **114. Waffengebrauch und Festnahmerecht des Militärs.** Von Wirkl. Geh. Kriegsrat Dr **A. Romen** und Kriegsgerichtsrat Dr **C. Rissom.** — **1914.** 2,25 ℳ

Nr. **115. Das vertragliche Wettbewerbsverbot [Konkurrenzklausel].** Nebst Kommentar zum G. v. 10. Juni 1914. Von Rechtsanwalt Dr **G. Baum.** — **1914.** 3,40 ℳ

Nr. **116. Kriegs-Zivil- und -Finanzgesetze** vom 4. Aug. 1914 und den dazu erlassenen Verordnungen und Bekanntmachungen. **3. Aufl.** — **1915.** 2,60 ℳ

Nr. **116 a.** Zweite Folge: Das Jahr 1915. — **1916.** Siehe auch Nr. 129. 2,25 ℳ

Nr. **117. Darlehnskassengesetz.** Von Rechtsanwalt **Salomon** und Bankvorsteher **Bud.** — **1915.** 2,25 ℳ

Nr. **118. Militärhinterbliebenengesetz.** Von Rechn.Rat **Reh.** Mit Nachtrag, enth. das **Kapitalabfindungsgesetz** vom 11. Juli 1916. — **1915.** 2,80 ℳ

Nr. **119. Kriegsleistungsgesetz.** Von Rechtsanwälten J.Rat **Heilberg** und **Schäffer.** — **1915.** 3,20 ℳ

Nr. **120. Telegraphenwegegesetz.** Von Postreferendar **Wolf.** — **1916.** 1,80 ℳ

Nr. **121. Direkte Kriegssteuer.** Gesetze z. Besteuerung der **Kriegs**gewinne. Von Ob.Verw.G.Rat **A. Mrozek.** — **1916.** 4,50 ℳ

Nr. **122. Gesetz über den Belagerungszustand.** Von Kriegsgerichtsrat Dr **H. Pürschel.** — **1916.** 5,— ℳ

Nr. **123. Warenumsatzstempel.** Von Geh. Ober-Justizrat **Lindemann.** — **1916.** 2,50 ℳ

Umsatzsteuergesetz. — **1918.** Siehe Nr. 132.

Nr. **124. Todeserklärung Kriegsverschollener.** Von Prof. Dr **J. Partsch. — 1916.** 3,— *M*

Nr. **125.** Das Gesetz über den **vaterländischen Hilfsdienst** mit Einleitung u. Materialien. **3. vermehrte Aufl. — 1917.** 1,50 *M*

Nr. **126. Besitzsteuergesetz** mit Ausf.-Bestimmungen. Von Ob.Verw.G.Rat **A. Mrozek. — 1917.** 6,— *M*

Nr. **127.** Verordnung über die **Geschäftsaufsicht zur Abwendung des Konkurses** vom 14. Dez. 1916. Von Rechtsanwalt **G. Klien,** mit system. Einleitung von Geh. Hofrat Dr **Ernst Jaeger** ord. Prof. a. d. Universität Leipzig. — **1917.** 2,— *M*

Nr. **128.** Gesetz betr. die **Verhaftung und Aufenthaltsbeschränkung** vom 4. Dez. 1916. Nebst Anhang, betr. Entschädigung unschuldig Verhafteter, **Von Wirkl. Geh.** Kriegsrat Dr **A. Romen. — 1917.** 2,50 *M*

Nr. **129.** Kriegsgesetze auf dem Gebiete des **Zivil-** und **Prozeßrechtes,** für die gerichtliche Praxis zusammengestellt von Amtsrichter Dr **Johannes Fischer. — 1918.** 4,— *M*

Nr. **130. Ersatzlebensmittelverordnung** nebst Ausführ. Vorschr. des Reichs und der wichtigsten Bundesstaaten. Verordnungen über **Schleichhandel, Preistreiberei und Papierhandel** mit preußischen Ausführungsbestimmungen. Von **Heinz Emil Wendel,** Königl. Polizeirat in Berlin. — **1918.** 2,— *M*

Nr. **131 a. Reichsfinanzgesetzgebung 1918.** Bd. I. **Getränkesteuern** (Bier, Branntwein, Wein, Schaumwein, Limonaden). Von Dr. **G. Mayer.** Im Druck.

Nr. **131 b. Reichsfinanzgesetzgebung 1918.** Bd. II. **Abgabe** vom **Einkommen, Umsatz, Kriegsgewinn** usw., **Steuerflucht.** Von Dr. **G. Mayer.** Im Druck.

Nr. **132. Umsatzsteuergesetz** und Ausführungsbestimmungen. Von Geh. Ober-Justizrat **Otto Lindemann,** vortr. Rat im Justizministerium. — **1918.** 5,50 *M*

Nr. **133. Reichswuchergesetzgebung.** Von Reichsgerichtsrat Dr. **Ad. Lobe. — 1918.** 6,50 *M*

Nr. **134. Die Friedensverträge.** Von Dr. **Karl Strupp.**
a) I. **Die Ostfrieden. — 1918.** etwa **12,—** *M*

Guttentagsche Sammlung

Preußischer Gesetze.

Text-Ausgaben mit Anmerkungen. Taschenformat.

Nr. 1. Die **Verfassungs-Urkunde** für den Preußischen Staat. Mit Einleitung, vollständigem Kommentar. Von Prof. Dr **A. Arndt. 7. Aufl. — 1911.** 4,50 ℳ

Nr. 2. Preußische **Beamten-Gesetzgebung.** Enth. die wichtigsten Beamtengesetze in Preußen. Von **K. Pfafferoth. 5. Aufl. — 1916.** 3,— ℳ

Nr. 3. **Aufnahme** von **Nottestamenten** durch die bestellten Urkundspersonen. Anweisung mit Musterbeispielen. Von Amts-G.Rat **E. Kurtz. — 1904.** 1,80 ℳ

Nr. 4. **Gebührenordnung** für **Notare** vom 25. Juli 1910. **5. Aufl.** von Justizrat **Rausnitz. — 1917.** 5,— ℳ

Nr. 5. Gesetz vom **24. April 1854 [betr. die außerehel. Schwängerung].** Von Dr **Schulze. — 1873.** 0,75 ℳ
Reichs-Recht siehe: Reichsgesetze Nr. **58.**

Nr. 6. Die Preuß. **Ausführungsgesetze und Verordnungen zu den Reichs-Justizgesetzen.** Von **R. Sydow.**
Ersetzt durch B u s c h - E h l a u, Ausführungsgesetze.

Nr. 7. Allg. **Gerichtsordnung** und Preuß. **Konkursordnung.** Von **F. Vierhaus.** Vergriffen.

Nr. 8. **Vormundschaftsordnung.** Von **F. Schultzenstein.**
Reichs-Recht siehe: Reichsgesetze Nr. **47.**

Nr. 9. Die Preußische **Grundbuchgesetzgebung.** Von **Prof.** Dr **Fischer.** Vergriffen siehe: Reichsgesetze Nr. **42.**

Nr. **10. Einkommensteuergesetz.** Von Wirkl. Geh. Ob. Finanzrat **A. Fernow. 8. Aufl. — 1913.** Vergriffen! — Neue Auflage nach Verabschiedung des angekündigten Abänderungsgesetzes.

Nr. 11. **Gewerbesteuergesetz.** Von Wirkl.Geh.Ob.Fin.Rat **A. Fernow. 6., vermehrte Aufl. — 1915.** 4,80 ℳ

Nr. 12. **Allgemeines Berggesetz.** Mit seinen Novellen und Nebengesetzen. **3. Aufl.**, bearbeitet von den Oberbergräten **Schlüter** und **Hense. — 1913.** 8,— ℳ

Nr. 13. **Ergänzungssteuergesetz** (Vermögenssteuergesetz). Von Wirkl.Geh.Ob.Fin.Rat **A. Fernow. 5. Aufl.** Mit Nachtrag, enth. Ges. betr. Erhöhung der Zuschläge vom 8. Juli 916. **— 1914.** 4,50 ℳ

Nr. 14. **Kommunalabgabengesetz.** Vom 14. Juli 1893 und Ges. wegen Aufhebung direkter Staatssteuern. Von Oberbürgermeister Dr **F. Adickes. 5. Aufl.** bearbeitet von Stadtrat Dr **Woell. — 1911.** 2,60 ℳ
Vergriffen, neue Auflage in Vorbereitung.

Nr. 15. Die **Kreisordnungen** für den Preußischen Staat. Von Land-G.Rat **O. Kolisch. — 1894.** 4,20 ℳ

Nr. 16. **Konzessionierung gewerblicher Anlagen.** Von Geh. Reg.Rat Dr **W. v. Rüdiger. 2. Aufl. — 1901.** 2,— ℳ

Nr. 17. Preußisches **Gerichtskostengesetz.** Vom 25. Juli 1910. Mit Kostentabellen. Von Kammer-G.Rat Dr **P. Siméon. 7. Aufl. — 1913.** Mit Nachtrag: Abänderungen vom 17. Febr. 1917. 4,50 ℳ

Nr. 18. Preußisches **Stempelsteuergesetz** vom 30. Juni 1909. Mit sämtlichen Ausf.-Bestimmungen. Von **P. Loeck. 8. Aufl.** von Reg.Rat **W. Seyffarth. — 1914.** 9,— ℳ

Nr. 19. Das **Jagdscheingesetz.** Von Wirkl. Geh. Ob.Reg.Rat **G. Kunze. 2. Aufl. — 1899.** 2,25 ℳ

Nr. 20. Die **preußischen Erbschaftssteuergesetze.** Von Rechn.Rat **R. Hoffmann. — 1905.** 4,— ℳ
(**Reichs**-Erbschaftssteuergesetz siehe **Reichsgesetze Nr. 77**).

Nr. 21. Gesetz **über** die **Handelskammern.** Von Min.-Dir. **F. Lusensky. 2. Aufl. — 1909.** 3,40 ℳ

Nr. **22.** Gesetz, betr. **Anstellung und Versorgung der Kommunalbeamten.** Von Dr **W. Ledermann. 2. Aufl.,** bearbeitet von Dr **L. Brühl. — 1914.** 2,40 *M*

Nr. **23. Ausführungsgesetz zum Bürgerlichen Gesetzbuche.** Von Kammer-G.Rat Dr **P. Siméon. 3. Aufl. — 1914.** 2,40 *M*

Nr. **24.** Die **Hinterlegungsordnung. (1879)** Von Reg.Rat Dr **G. Bartels. 2. Aufl. — 1908.** 2,— *M*
— —, Abänderungsgesetz vom 21. April 1913 siehe Nr. **53.**

Nr. **25. Preußische Kommunalbeamtengesetzgebung.** Von Mag.Assessor Dr **F. Kremski,** Berlin. — **1901.** 3,40 *M*

Nr. **26.** Gesetze über das **Diensteinkommen der Lehrer und Lehrerinnen, Ruhegehalt und Hinterbliebenenfürsorge.** Tabelle zur Berechnung der Ruhegehalts-, Witwen- und Waisenbezüge. Von Bürgermeister Dr **E. Cremer. — 1900.** 2,60 *M*

Nr. **27.** Gesetz, betr. die **Warenhaussteuer.** Von **Geh.** Ob.Fin.Rat Dr **G. Strutz. — 1900.** 1,50 *M*

Nr. **28.** Die **Fürsorgeerziehung Minderjähriger.** Von Geh. Justizrat Dr **P. F. Aschrott.** Mit Ausführungsbestimmungen und allen wichtigeren Ministerialerlassen. **3. Aufl. — 1917.** 5,— *M*

Nr. **29.** Gesetz, betr. **die ärztlichen Ehrengerichte, das Umlagerecht und die Kassen der Aerztekammern.** Von Amts-G.Rat Dr **F. Fidler. — 1901.** 1,80 *M*

Nr. **30.** Das **Preußische Staatsschuldbuch** und **Reichsschuldbuch.** Von **Wirkl.** Geh. Ob.F.Rat **F. Mücke. — 1902.** 2,— *M*

Nr. **31. Die geltenden Preußischen Gesindeordnungen. Zwei Bände.** Von Rechtsanwalt **St. Gerhard.**

31 a. Gesindeordnung für die altpreußischen **Provinzen** vom 8. Nov. 1810, unter Berücksichtigung der **Ergänzungs**gesetze, der **Rechtsverhältnisse der Stellenvermittler und**

Reichsversicherungsordnung, sowie die Gesindeordnungen für Neuvorpommern und Rügen und für die Rheinprovinz. **2. Aufl. — 1914.** 3,40 *M*

31 b. Gesindeordnungen für Hannover, Schleswig-Holstein, Hessen-Nassau und den Regierungsbezirk Hohenzollern. — **1902.** 2,80 *M*

Nr. **32. Die Städteordnung für die sechs östlichen Provinzen Preußens.** Von Dr **W. Ledermann** u. Dr **L. Brühl. 2. Aufl. — 1913.** 7,50 *M*

Nr. **33. Rentenguts- und Anerbenrechts-Gesetzgebung in Preußen.** Von Land-G.Rat **M. Peltasohn** und Rechtsanwalt **B. Peltasohn. — 1903.** 3,40 *M*

Nr. **34.** Sammlung der wichtigsten **preußischen Strafgesetze** nebst Ges., betr. polizeil. Strafverfügungen vom 23. April 1883. Von Geh. Ob.J.Rat. **Lindemann. 2. Aufl. — 1912.** 3,60 *M*

Nr. **35. Geschäftsordnung für Gerichtsvollzieher.** Von **E. Exner. — 1904.** 3,50 *M*

Nr. **36. Polizeiverordnungen in Preußen.** Von Geh. Ob.J.Rat **O. Lindemann. — 2. Aufl. 1912.** 2,60 *M*

Nr. **37.** Gesetz, betr. **Enteignung von Grundeigentum** vom 11. Juni 1874. Von Ob.L.G.Rat **O. Meyer. 2. Aufl. — 1911.** 2,50 *M*

Nr. **38. Kreis- und Provinzial-Abgabengesetz** vom 23. April 1906. Von Gemeindevorsteher **F. Schmidt. — 1906.** 1,50 *M*

Nr. **39.** Gesetz, betr. die **Unterhaltung der öffentlichen Volksschulen.** Von Reg.Rat Dr **A. Marcks. — 1906.** 2,25 *M*

Nr. 40. Verwaltungsstrafverfahren bei Zuwiderhandlungen gegen die Zollgesetze und indirekte Reichs- und Landesabgaben. Von Dr **R. Katzenstein. — 1907.** 4,— *M*

Nr. **41.** Die **preußischen Jagdpolizeigesetze.** Von Wirkl. Geh. Ob.Reg.Rat **F. Kunze** und Rechtsanwalt **R. Kühnemann. 2. Aufl. — 1907.** 4,— *M*

Nr. **42.** Die Gesetzgebung über die **Allgemeine Landesverwaltung** und **Zuständigkeit der Verwaltungs- und Verwaltungsgerichtsbehörden.** Von Dr **R. Friedrichs. — 1908.** 3,40 *M*

Nr. **43.** Gesetz, betr. die **Zulassung einer Verschuldungsgrenze** für land- und forstwirtschaftlich benutzte Grundstücke. Von Syndikus Dr **R. Leweck. — 1908.** 2,60 *M*

Nr. **44. Quellenschutzgesetz** nebst den Ausführungsbestimmungen. Von Geh. Bergrat **C. Voelkel. — 1909.** 1,25 *M*

Nr. **45. Rechtsverhältnisse der Juden in Preußen.** Von Rechtsanwalt Dr **M. Kollenscher. — 1910.** 2,60 *M*

Nr. **46.** Gesetz betr. **Austritt aus der Landeskirche** vom 14. Mai 1873. Von Ger.-Assessor **H. Caro. — 1911.** 2,60 *M*

Nr. **47.** Gesetz, betr. die **Feuerbestattung.** Von Amts-G.Rat Dr **W. Lohmann. — 1912.** 1,60 *M*

Nr. **48. Zweckverbandsgesetz für Groß-Berlin** vom 19. Juli 1911 nebst Abdruck des allgemeinen Zweckverbandsgesetzes. Von den Magistratsräten Dr **L. Brühl,** Dr **K. Gordan** und Stadtrat Dr **W. Ledermann. — 1912.** 4,50 *M*

Nr. **49. Gesetze gegen die Verunstaltung landschaftlich hervorragender Gegenden** mit Ausf.-Anweisungen. Von Reg.Rat **O. Goldschmidt. — 1912.** 2,60 *M*

Nr. **50. Gesetz, betr. die Anlegung und Veränderung von Straßen und Plätzen in Städten und ländlichen Ortschaften.** Von Oberlandgerichtsrat **O. Meyer. — 1913.** 3,40 *M*

Nr. **51. Das preußische Disziplinargesetz für die nichtrichterlichen Beamten** und die Privatdozenten. Von Reg.Rat Dr **E. v. Dultzig. — 1914.** 4,80 *M*

Guttentagsche Sammlung Preußischer Gesetze.

Nr. **52. Preußisches Wassergesetz** v. 7. April 1913. Von den Rechtsanwälten **G. Wulff** und **F. Herold. — 1913.** 5,50 *M*

Nr. **53. Hinterlegungsordnung** v. 21. April 1913. Von Landrichter **Hagemann. — 1914.** 2,50 *M*

Nr. **54.** Gesetz betr. **Anlegung von Sparkassenbeständen in Inhaberpapieren** nebst Ausf.-Verordnung vom 8. Mai 1913. Von Rechtsanwalt **H. Döhring. — 1914.** 2,25 *M*

Nr. **55. Preußisches Wohnungsgesetz** und **Bürgschaftssicherungsgesetz.** Von Hochschulprofessor Dr. jur. **B. Schmittmann. — 1918.** 6,— *M*

Guttentagsche Sammlung
von
Textausgaben mit Sachregister **ohne** Anmerkungen.
Taschenformat, elegant in Leinen gebunden.

Bürgerliches Gesetzbuch nebst **Einführungsgesetz.** 10. Abdruck. 2,50 M

Handelsgesetzbuch nebst **Einführungsgesetz** und **Seerecht.** 8. **Abdruck. — 1910.** 2,— M

Konkursordnung mit **Einführ.ges. 2. Aufl. — 1915.** 1,— M

Kriegsgewinnsteuer. — 1916. 0,60 M

Die Kriegssteuergesetze. 2. Aufl. — 1917. 2,00 M

Militärstrafgerichtsordnung m. **Einführ.ges. — 1901.** 1,50 M

Militär-Strafgesetzbuch. 2. Aufl. — 1916. 1,20 M

Reichsfinanzgesetze von 1909 einschließlich der **Reichsstempelgesetze** und des **Erbschaftssteuergesetzes. — 1909.** 2,— M

Reichsversicherungsordnung (Kranken-, Unfall-, Invaliden- u. Hinterbliebenenvers.). **20.—30. Tausend. — 1914.** 2,— M

Strafgesetzbuch. — 1912. 1,20 M

Strafprozeßordnung. 2. Aufl. — 1915. 1,50 M

Verkehrs- u. Kohlensteuer u. Kriegssteuerzuschlag. — 1917. 2,— M

Versicherungsgesetz für Angestellte. — 1911. 1,25 M

Wechselordnung mit Anhang: **Wechselprozeß und Ausführungsanweisung. — 1908.** 1,— M

Wehrbeitrag und **Besitzsteuer. — 1913.** 1,— M

Zivilprozeßordnung mit **Gerichtsverfassungsgesetz** und **Einführungsgesetzen.** Neueste Fassung. **— 1914.** 2,— M

Zuwachssteuergesetz. — 1911. 0,80 M

— — **Ausführungsbestimmungen. — 1911.** 0,60 M

Preußische Ausführungsanweisung zur **Gewerbeordnung** nebst der technischen Anleitung. **— 1904.** 2,25 M

Kommentare — Nachschlagebücher.

Die Erbenhaftung nach dem Bürgerlichen Gesetzbuch. Von Rechtsanwalt **E. Riesenfeld,** Berlin. **2 Bände. — 1916. Gr. 8** °. Preis 26,— ℳ, geb. 29,— ℳ

Erster Band: **Grundsätze der Haftung.** Zweiter Band: **Das Inventar und die Mittel der Haftungsbeschränkung.**

Verwaltungsgesetzbuch für Preußen. Systematische Zusammenstellung der wichtigsten Verwaltungsgesetze und Verordnungen für Praxis und Unterrichtszwecke bearbeitet von Reg.Rat Dr **Hugo Reichelt.** Mitglied des Bezirksausschusses Magdeburg. — **1914. Gr. 8** °. **Preis** geb. 12,— ℳ

Vereins- und Versammlungsrecht der **Gewerkschaften** und **Gewerkvereine.** Mit einem Anhang: **Das** gewerbliche Koalitionsrecht. Unter Benutzung amtlicher Quellen bearbeitet von Wirkl. Geh. Kriegsrat Dr jur. **A. Romen.** — **1917. Gr. 8** °. Preis brosch. 2,— ℳ

Bunte Bilder aus der Rechtswelt. Ein Lesebuch für die jungen Juristen im Felde. Von Dr **J. W. Hedemann,** o. Prof. an der Universität Jena. — **1917. 8** °. Preis brosch. 2,50 ℳ

Bürgerliches Rechts-Lexikon. Nach dem Bürgerlichen Gesetzbuch, dem Handelsgesetzbuch und sonstigen Reichs- und Landesgesetzen bearbeitet von Amtsgerichtsrat **E. Christiani. 3. wesentlich vermehrte und verbesserte Auflage. — 1908. Lex. 8** °. Geb. in ganz Leinen. Preis 11,20 ℳ

Verfassung und Verwaltung des Deutschen Reiches nebst wichtigen Nebengesetzen. Ein Hilfsbuch für die Examina in Justiz und Verwaltung sowie für die Doktorprüfung. Von Dr **M. Gebhardt,** Gerichtsassessor a. D. — **1912. Lex. 8** °. Preis brosch. 9,50 ℳ, geb. in Leinen 10,— ℳ

Sonderverzeichnisse über hervorragende Erscheinungen aus den Gebieten des Verwaltungs- und Handelsrechts, sowie der genossenschaftlichen Literatur, durch jede Buchhandlung und direkt vom Verlage.

Schlagwort-Register

R. = Nummer der Sammlung Deutscher **Reichs**gesetze.
P. = Nummer der Sammlung **Preußischer** Gesetze.
S. = Seite.

Schlagwort-Register. (R. = Reichsgesetz, P. = preuß. Gesetz.)

Schlagwort-Register. (R. = Reichsgesetz, P. = preuß. Gesetz.)

Schlagwort-Register. (R. = Reichsgesetz, P. = preuß. Gesetz.)

 1. X. 1918. 6000.

FSC
www.fsc.org
MIX
Papier | Fördert
gute Waldnutzung
FSC® C083411

Kolibri 360 GmbH
Ferdinand-Jühlke-Straße 7
99095 Erfurt, Deutschland
produktsicherheit@kolibri360.de